**HÖREN
VERSTEHEN
SPRECHEN**

Stanisław Bęza, Agnieszka Drummer

HÖREN
VERSTEHEN
SPRECHEN

Słuchaj ze zrozumieniem
i ćwicz niemiecki

poltext

Redakcja: Anna Żółcińska
Projekt okładki i skład: Amadeusz Targoński | targonski.pl
Rysunki w książce: Wiktoria May
Zdjęcie Autorów: archiwum własne
Fotografia na okładce: © Dean Drobot | shutterstock.com

Nagranie, dźwięk i opracowanie muzyczne: Grzegorz Dondziłło, maxx-audio.com
Lektor: Martin Rath

Copyright © 2019 by Poltext Sp. z o.o.
All rights reserved

Warszawa 2019

Książka, którą nabyłeś, jest dziełem twórcy i wydawcy. Prosimy, abyś przestrzegał praw, jakie im przysługują. Jej zawartość możesz udostępnić nieodpłatnie osobom bliskim lub osobiście znanym. Ale nie publikuj jej w internecie. Jeśli cytujesz jej fragmenty, nie zmieniaj ich treści i koniecznie zaznacz, czyje to dzieło. A kopiując ją, rób to jedynie na użytek osobisty.
Szanujmy cudzą własność i prawo!
Polska Izba Książki
Więcej o prawie autorskim na www.legalnakultura.pl

Poltext Sp. z o.o.
www.poltext.pl
handlowy@mtbiznes.pl

ISBN 978-83-8175-020-2

Spis treści

Przedmowa 7

1 Nicht viel verloren 10
2 Ein Berliner in Wien 16
3 Moderne Malerei 22
4 Die Fehler 28
5 Der Schriftkenner 34
6 Die clevere Anzeige 40
7 Das geheimnisvolle Ding 46
8 Es geschah um Mitternacht 52
9 Eine Kontrolle im Lokal 58
10 Schubert und das Notenpapier 64
11 Anwesend – abwesend 70
12 Der Verbrecher 78
13 Mitgeholfen 84
14 Das Oktoberfest 90
15 Pedro als Weihnachtsgeschenk 96
16 Das Wiener Neujahrskonzert 102

17	Die Reklame	108
18	Technik	114
19	Mercedes – woher der Name?	122
20	Mitten in der Nacht	128
21	Wunderpille Aspirin	134
22	Der gefürchtete Professor	140
23	Der Physiotherapeut	146
24	Die Pille	154
25	Auch Ärzte haben Sinn für Humor	162
26	Der Lottoschein	168
27	Ist Hering kein Fisch?	174
28	Der Katastrophentag	180
29	Die kluge Frau Zauberstein	188
30	Eine Bäuerin vor Gericht	194
31	Die Sparbüchse	202
32	Mut muss man haben!	210
33	Der Ghostwriter	216
34	Der Unfall	224
35	Der zerstreute Professor	232
36	Glück im Unglück	238
37	Das Erbe	246
38	Die kluge Sekretärin	254
39	Der Wetterprophet	262
40	Der Antiquar	270
	Lösungsschlüssel	279

Przedmowa

Umiejętność rozumienia ze słuchu jest zazwyczaj najtrudniejszą sprawnością do opanowania w procesie nauki języka obcego. Świadczy o tym fakt, że na egzaminach z języka niemieckiego właśnie przez tę część testu najwięcej osób go nie zdaje.

Ale rozumienia ze słuchu można się nauczyć! Ten podręcznik z pewnością bardzo się do tego przyczyni.

Prezentujemy tu 40 tekstów (w większości anegdot z puentą), którym towarzyszy duża liczba różnorodnych ćwiczeń, mających na celu przede wszystkim sprawdzenie i ćwiczenie sprawności rozumienia ze słuchu. Kolejność zarówno tekstów, jak i ćwiczeń uwzględnia gradację trudności, a w przypadku tekstów również ich długość. Po każdym tekście znajduje się szczegółowy słowniczek.

Jest to materiał dla wszystkich uczących się języka niemieckiego mających za sobą co najmniej jeden rok nauki, czyli począwszy od poziomu A2. Idealnie nadaje się do ćwiczenia rozumienia ze słuchu oraz rozszerzenia słownictwa. Pomaga również, dzięki odpowiednim ćwiczeniom, usprawnić swobodne mówienie.

Niniejszy podręcznik można przerabiać samodzielnie, z pewnością może też być użytecznym uzupełnieniem podręcznika bazowego, a także stanowić zbiór inspiracji dla każdego lektora języka niemieckiego na zajęciach grupowych i indywidualnych.

Jak pracować z naszą książką?

Jeśli dysponujesz odpowiednią motywacją i chcesz **maksymalnie skorzystać** z podręcznika, to koniecznie **po uprzednim wysłuchaniu** każdego tekstu (jedno- lub wielokrotnym) najpierw wykonaj wszystkie ćwiczenia, a **dopiero po ich przerobieniu przeczytaj tekst**.

Jeśli jesteś lektorem/lektorką języka niemieckiego, to oczywiście też rozpocznij od zaprezentowania uczniom nagrania danego tekstu, a następnie zleć wykonanie ćwiczeń. Dopiero potem udostępnij im sam tekst.

Głównym celem ćwiczeń jest nie tylko sprawdzenie dokładnego zrozumienia wysłuchanego tekstu, lecz również utrwalenie i kontrola opanowania ważniejszych wyrażeń, zwrotów oraz struktur gramatycznych. Aby ten cel osiągnąć, należy każdy tekst przesłuchać wielokrotnie, zwracając uwagę na wymowę i intonację. Każde ćwiczenie ma określone zadanie, np. sprawdzenie ogólnego zrozumienia treści (ćwiczenie pierwsze typu *Richtig (R) oder falsch (F)?*) czy skupienie uwagi słuchającego na szczegółowym zrozumieniu danego tekstu (*Fragen zum Text*). Przed rozwiązaniem ćwiczenia drugiego zalecamy skorzystanie z krótkiego zestawu słów kluczowych (*Schlüsselwörter*).

Do większości ćwiczeń załączamy klucz (z wyjątkiem ćwiczeń wymagających samodzielnych wypowiedzi), co pozwala na całkowicie samodzielną kontrolę poprawności ich wykonania.

Uwaga. W przypadku czasowników mocnych i nieregularnych podaliśmy ich formy podstawowe, np.: *nehmen (nahm, genommen), bringen (brachte, gebracht).* W czasownikach rozdzielnie złożonych przedrostek oddzielony jest od czasownika głównego przy pomocy „/", np. *auf/machen, ein/laden (lud ein, eingeladen).* Litera *s.* po trzeciej formie podstawowej oznacza, że dany czasownik tworzy czas przeszły Perfekt z czasownikiem posiłkowym *sein*. Jeśli litera *s.* się nie pojawia, to znaczy, że dany czasownik tworzy czas Perfekt z czasownikiem posiłkowym *haben*.

W niniejszym podręczniku wykorzystano niektóre materiały z książki „Humor im Ohr" (Stanisław Bęza, Poltext 1995).

Chcielibyśmy bardzo serdecznie podziękować native speakerkom Paniom Anke Kleinschmidt i Monice Drummer za szczegółowe konsultacje i weryfikację autentyczności językowej prezentowanego materiału.

Warszawa, 2019
Autorzy

1 Nicht viel verloren

Die Höflichkeit und Freundlichkeit der Wiener ist fast sprichwörtlich, doch manchmal ein wenig übertrieben.

In der Schönbrunner Straße wohnt ein netter älterer Herr. Er heißt Franz Gruber und er arbeitete sein ganzes Leben lang als Bankangestellter. Nun ist er seit vier Jahren pensioniert. Er hat eine gemütliche, bequeme Wohnung in der 2. Etage. Sein Arzt hat ihm geraten, regelmäßig spazieren zu gehen. Jeden Abend geht der alte Herr also spazieren und kauft sich bei dieser Gelegenheit eine Abendzeitung am Kiosk.

Eines heiteren Abends geht er wie immer zum Zeitungskiosk in der Nähe seines Wohnhauses und möchte die Abendzeitung kaufen. Doch als er bezahlen will, bemerkt er, dass er seine Geldbörse zu Hause vergessen hat. Verlegen gibt er der Verkäuferin die Zeitung zurück. Doch die junge Frau sagt zu ihm:
„Aber das macht ja nichts, bezahlen Sie die Zeitung halt morgen!"
„Und wenn ich über Nacht sterbe?"
„Das macht auch nichts, ist ja nicht viel verloren."

WÖRTER UND WENDUNGEN

die Höflichkeit ⇨ uprzejmość
die Freundlichkeit ⇨ grzeczność
sprichwörtlich ⇨ przysłowiowy
übetreiben (übertrieb, übertrieben) ⇨ przesadzać
der Bankangestellte ⇨ pracownik banku
pensioniert ⇨ emerytowany
gemütlich ⇨ przytulny
bequem ⇨ wygodny
die Gelegenheit, -en ⇨ okazja
heiter ⇨ pogodny

bemerken ⇨ zauważać
die Geldbörse, -n ⇨ portfel
vergessen (vergaß, vergessen) ⇨ zapominać
verlegen ⇨ tu: zmieszany, zawstydzony
Das macht ja nichts. ⇨ Ależ nic nie szkodzi.
halt ⇨ po prostu
sterben (starb, gestorben s.) ⇨ umierać
verlieren (verlor, verloren) ⇨ tracić, gubić
Es ist (ja) nicht viel verloren. ⇨ To (przecież) niewielka strata.

1 Nicht viel verloren

I. Hören Sie sich bitte die Geschichte ein- oder zweimal an und entscheiden Sie (*proszę zdecydować*), ob die folgenden Sätze richtig oder falsch sind.

		R	F
1.	Die meisten Einwohner von Wien sind höflich und freundlich.		
2.	Franz Gruber wohnt in der Schönbrunner Straße.		
3.	Er hat eine Wohnung in der dritten Etage.		
4.	Er arbeitet immer noch als Bankangestellter.		
5.	Franz Gruber geht nur jeden Sonntag spazieren.		
6.	In der Nähe seiner Wohnung gibt es einen Zeitungskiosk.		
7.	An einem Abend hat Herr Gruber sein Geld vergessen.		
8.	Die Verkäuferin im Kiosk wollte ihm seine Zeitung trotzdem mitgeben.		

II. Hören Sie sich die Geschichte noch einmal an und antworten Sie anschließend (*następnie*) auf die folgenden Fragen.

Schlüsselwörter:
- übertrieben – przesadny
- Gelegenheit – okazja
- die Geldbörse – portfel
- verlegen – tu: zakłopotany, zmieszany
- sterben – umierać
- verlieren – tu: stracić

1. Was sagt man über die Einwohner von Wien?
2. Wer ist Franz Gruber?
3. Wo wohnt Herr Gruber?
4. Was war er von Beruf?
5. Warum geht er jeden Tag spazieren?
6. Warum geht er jeden Abend zum Kiosk?

7. Warum war er eines Abends verlegen?
8. Wie hat die Kioskverkäuferin reagiert?

III. Hören Sie die Geschichte ein weiteres Mal, wobei Sie bitte die Aufnahme nach jedem Satz anhalten (*zatrzymać*) und den Satz nachsprechen (*powtórzyć*). Versuchen Sie auch die Aussprache (*wymowę*) und die Betonung (*akcent*) richtig nachzumachen (*naśladować*).

IV. Ergänzen Sie (zuerst selbstständig) die folgenden Sätze. Falls das zu schwierig ist, wählen Sie die passenden Satzteile dafür unten aus.

1. In der Schönbrunner Straße wohnt ....
2. Er heißt Franz Gruber und ....
3. Er hat eine gemütliche, ...
4. Sein Arzt hat ihm geraten, ...
5. Jeden Abend geht der alte Herr also spazieren und ....
6. Doch als er bezahlen will, bemerkt er, ...
7. Verlegen gibt er ....
8. Aber das macht ja nichts, ...

a) regelmäßig spazieren zu gehen.
b) dass er seine Geldbörse zu Hause vergessen hat.
c) der Verkäuferin die Zeitung zurück.
d) bezahlen Sie die Zeitung halt morgen!
e) bequeme Wohnung in der 2. Etage.
f) kauft sich bei dieser Gelegenheit eine Abendzeitung am Kiosk.
g) er arbeitete sein ganzes Leben lang als Bankangestellter.
h) ein netter älterer Herr.

1	2	3	4	5	6	7	8

V. Welches Wort passt nicht zu den anderen?

- Wiener: freundlich, höflich, frech, nett, sympathisch
- Herr: nett, alt, bequem, vergesslich, eckig
- Wohnung: weich, gemütlich, bequem, möbliert, groß
- Kiosk: groß, klein, flüssig, neu, nah
- Abend: schön, heiter, stark, unvergesslich, regnerisch
- Zeitung: dick, dünn, interessant, neu, lecker

VI. Bilden Sie die Nomen wie im Beispiel.

angestellt
- der Angestellte
- ein Angestellter
- die Angestellten
- Angestellte

Adjektiv		Nomen
krank	der	
	ein	
	die (Pl.)	
	(Pl.)	
erwachsen	der	
	ein	
	die (Pl.)	
	(Pl.)	
behindert	der	
	ein	
	die (Pl.)	
	(Pl.)	

arbeitslos	der	
	ein	
	die (Pl.)	
	(Pl.)	
deutsch	der	
	ein	
	die (Pl.)	
	(Pl.)	

VII. Übersetzen Sie ins Deutsche.

1. Franz Gruber jest miłym starszym panem.
2. On pracował dawniej w banku.
3. Lekarz polecił mu regularnie uprawiać sport.
4. Pan Gruber chodzi codziennie na spacer.
5. Niedaleko jego domu jest kiosk z gazetami.
6. Pewnego wieczoru pan Gruber zapomniał portfela.
7. On nie mógł zapłacić za gazetę.
8. Sprzedawczyni była bardzo miła i chciała, żeby zapłacił następnego dnia.

VIII. Versetzen Sie sich in die Rolle von Franz Gruber, der seiner Tochter diese Geschichte am Telefon erzählt.

2 Ein Berliner in Wien

Ein Berliner, Herr Bauer, besuchte eines Tages im Jahr 1960 die schöne Stadt Wien. Er war beruflich oft im Ausland unterwegs und verglich immer alles mit seiner geliebten Heimatstadt. Auch in Wien war es nicht anders. Herr Bauer nahm eine Droschke und fuhr durch die Stadt, um sie zu besichtigen. Hier und da stellte er dem Kutscher eine Frage, was das für Bauten sind und wie lange man daran gearbeitet hat usw. Der Kutscher antwortete ihm, aber er ärgerte sich über seinen Gast, der keine der Wiener Sehenswürdigkeiten lobte. Im Gegenteil, Herr Bauer fand alles zu klein, zu unbedeutend. Als der Kutscher ihm erzählte, dass das Opernhaus fünf Jahre lang ge-

baut wurde, sagte der Berliner: „In Berlin hätte man so ein Häuschen nicht länger als ein paar Wochen gebaut! Außerdem habt ihr hier solche altmodischen Straßenbahnen, bei uns fuhren solche schon vor einem halben Jahrhundert. In Berlin gibt es auch eine moderne S-Bahn."
Sie fuhren schweigend weiter. Schließlich kamen sie am Stephansdom vorbei. Da fragte der Berliner: „Was ist denn das für eine Kapelle?"
Das war dem Wiener schon etwas zu viel, und er antwortete: „Ich weiß es selbst nicht, mein Herr. Als ich vor einer Stunde hier vorbeifuhr, stand sie noch nicht da!"

WÖRTER UND WENDUNGEN

vergleichen (verglich, verglichen) ⇨ porównywać
die Droschke, -n ⇨ dorożka
der Kutscher, - ⇨ woźnica, stangret
loben ⇨ chwalić
der Bau, -ten ⇨ budowla
im Gegenteil ⇨ przeciwnie
unbedeutend ⇨ mało ważny

das Häuschen, - ⇨ domek
altmodisch ⇨ staromodny
das Jahrhundert, -e ⇨ stulecie
schweigen (schwieg, geschwiegen) ⇨ milczeć
schließlich ⇨ w końcu
die Kapelle, -n ⇨ kaplica

2 Ein Berliner in Wien

I. Hören Sie sich bitte die Geschichte ein- oder zweimal an und entscheiden Sie, ob die folgenden Sätze richtig oder falsch sind.

		R	F
1.	Im Jahr 1916 besuchte Herr Bauer Wien.		
2.	Er liebte seine Heimatstadt über alles.		
3.	In Wien fuhr er mit der Straßenbahn.		
4.	Er besichtigte die Wiener Sehenswürdigkeiten.		
5.	Herr Bauer dachte, in Berlin ist alles besser.		
6.	Der Kutscher war über seinen Gast verärgert.		
7.	Herr Bauer wusste nichts von Stephansdom.		

II. Hören Sie sich die Geschichte noch einmal an und antworten Sie anschließend auf die folgenden Fragen.

Schlüsselwörter:

- vergleichen – porównywać
- die Droschke – dorożka
- der Kutscher – woźnica
- loben – chwalić

1. Wo wohnte Herr Bauer?
2. Auf welche Weise besichtigte Herr Bauer Wien?
3. Warum ärgerte sich der Kutscher über seinen Gast?
4. Was sagte Herr Bauer über die Wiener Straßenbahnen?
5. Kannte Herr Bauer den Stephansdom?
6. Welchen Scherz (żart) machte der Kutscher über den Stephansdom?

Ein Berliner in Wien

III. Hören Sie die Geschichte ein weiteres Mal, wobei Sie bitte die Aufnahme nach jedem Satz anhalten und den Satz nachsprechen. Versuchen Sie auch die Aussprache und die Betonung richtig nachzumachen.

IV. Ergänzen Sie (zuerst selbstständig) die folgenden Sätze. Falls das zu schwierig ist, wählen Sie die passenden Satzteile dafür unten aus.

1. Ein Berliner, Herr Bauer, besuchte ....
2. Herr Bauer nahm eine Droschke und fuhr ....
3. Hier und da stellte er ....
4. Der Kutscher antwortete ihm, aber ....
5. Im Gegenteil, Herr Bauer fand alles ....
6. In Berlin hätte man an so einem Häuschen ....
7. Außerdem habt ihr hier solche altmodischen Straßenbahnen, ...
   ....
8. Als ich vor einer Stunde hier vorbeifuhr, ...

a) dem Kutscher eine Frage.
b) zu klein, zu unbedeutend.
c) nicht länger als ein paar Wochen gebaut!
d) bei uns fuhren solche schon vor einem halben Jahrhundert.
e) eines Tages im Jahr 1960 die schöne Stadt Wien.
f) stand sie noch nicht da!
g) er ärgerte sich über seinen Gast.
h) durch die Stadt, um sie zu besichtigen.

1	2	3	4	5	6	7	8

Ein Berliner in Wien

V. Bilden Sie Partizipien (Präsens und Perfekt) von angegebenen Verben.

Beispiel: schweigen – *schweigend, geschwiegen*

- bedeuten – ....
- vergleichen – ....
- lieben – ....
- antworten – ....
- loben – ....
- erzählen – ....
- fahren – ....
- fragen – ....
- stehen – ....

VI. Setzen Sie die fehlenden Verben in der richtigen Form ein.

Ein Berliner, Herr Bauer, ... eines Tages im Jahr 1960 die schöne Stadt Wien. Er war beruflich oft im Ausland unterwegs und .... immer alles mit seiner geliebten Heimatstadt. Auch in Wien war es nicht anders. Herr Bauer .... eine Droschke und .... durch die Stadt, um sie sich .... Hier und da .... er an den Kutscher eine Frage, was das für Bauten sind und wie lange man sie .... hatte usw. Der Kutscher .... ihm, aber er .... sich über seinen Gast, der keine der Wiener Sehenswürdigkeiten .... Im Gegenteil, Herr Bauer .... alles zu klein, zu unbedeutend. Als der Kutscher ihm ...., dass das Opernhaus fünf Jahre lang .... wurde, sagte der Berliner: „In Berlin hätte man so ein Häuschen nicht länger als ein paar Wochen ....! Außerdem habt ihr hier solche altmodischen Straßenbahnen, bei uns .... solche schon vor einem halben Jahrhundert. In Berlin .... es eine moderne S-Bahn."

VII. Übersetzen Sie ins Deutsche.

1. Pewien Berlińczyk, pan Bauer, odwiedził kiedyś stolicę Austrii.
2. On porównywał często inne miasta z Berlinem.
3. Wziął dorożkę, aby pooglądać wiedeńskie zabytki.
4. Zadawał woźnicy wiele pytań.
5. Woźnica złościł się na swojego gościa, ponieważ nic mu się nie podobało.
6. A cóż to za kaplica?
7. Gdy przejeżdżałem tu dwie godziny temu, jeszcze jej tu nie było.

VIII. Versetzen Sie sich in die Rolle von Herrn Bauer, der einem Bekannten in Berlin über seinen Besuch in Wien erzählt.

3 Moderne Malerei

Kühe auf einer Wiese im Jahre 2050

In einer Ausstellung moderner Maler gab es viele Besucher. Unter ihnen befand sich auch ein alter Mann, der besonders lange vor einem großen Bild stand. Er konnte nicht verstehen, was das Bild darstellen sollte. Er verstand den Inhalt überhaupt nicht. Deshalb fragte er einen anderen Besucher, der ihm wie ein Künstler aussah.
„Was soll dieses Bild darstellen?"
„Das sehen Sie doch am Titel, mein Herr: Kühe auf einer Wiese im Jahre 2050."

3

„Aber ich sehe überhaupt keine Wiese!"
„Weil die Kühe das Gras abgefressen haben."
Der Mann sah sich das Bild noch einmal genau an und sagte schließlich: „Kühe sehe ich aber auch nicht!"
„Aber hören Sie! Das ist doch logisch. Warum sollen die Kühe auf der Wiese bleiben, wenn das Gras abgefressen ist?"

WÖRTER UND WENDUNGEN

die Malerei ⇨ malarstwo
die Ausstellung, -en ⇨ wystawa
unter ihnen ⇨ wśród nich
dar/stellen ⇨ przedstawiać
der Inhalt, -e ⇨ treść, zawartość

überhaupt ⇨ w ogóle
der Künstler, - ⇨ artysta
aus/sehen (sah aus, ausgesehen) ⇨ wyglądać
die Kuh, ⸚e ⇨ krowa
die Wiese, -n ⇨ łąka
das Gras ab/fressen ⇨ obgryźć/zeżreć trawę

3 | Moderne Malerei

I. Hören Sie sich bitte die Geschichte ein- oder zweimal an und entscheiden Sie anschließend, ob die folgenden Sätze richtig oder falsch sind.

		R	F
1.	In einer Ausstellung alter Maler waren viele Leute.		
2.	Unter den vielen Besuchern befand sich auch ein alter Mann, der unbedingt ein modernes Bild kaufen wollte.		
3.	Da er den Preis dieses Bildes nicht sehen konnte, bat er einen anderen Besucher, ihm dabei zu helfen.		
4.	Der Titel des Bildes lautete: „Kühe auf einer Wiese im Jahre 2050."		
5.	Der Mann konnte das Gras auf dem Bild nicht sehen, weil es die Kühe abgefressen hatten.		
6.	Der alte Mann bewunderte die schönen Kühe auf dem Bild.		

II. Hören Sie sich die Geschichte noch einmal an und beantworten Sie dann die folgenden Fragen.

Schlüsselwörter:
- dar/stellen – przedstawiać
- die Kuh – krowa
- die Wiese – łąka
- ab/fressen – obgryzać/obżerać

1. Wo waren viele Besucher?
2. Wer stand besonders lange vor einem großen Bild?
3. Was konnte der Mann nicht verstehen?
4. Wen fragte der Mann nach dem Inhalt des Bildes?
5. Welchen Titel hatte das Bild?
6. Warum war auf dem Bild keine Wiese zu sehen?
7. Warum konnte er auch keine Kühe sehen?

III. Hören Sie sich die Geschichte ein weiteres Mal an, wobei Sie bitte die Aufnahme nach jedem Satz anhalten und den Satz nachsprechen. Achten Sie dabei auf die richtige Aussprache und die Betonung.

IV. Schreiben Sie die fehlenden Wörter in die Lücken.

In einer Ausstellung moderner .... waren viele Besucher. Unter .... befand sich auch ein alter Mann, der besonders lange .... einem großen Bild stand. Er konnte nicht verstehen, was das Bild .... sollte. Deshalb fragte er einen ...., der wie ein Künstler .... Was das Bild darstellen soll, kann man am .... sehen: „Kühe auf einer .... im Jahre 2050." Auf dem Bild ist aber keine Wiese zu sehen, weil die .... das Gras abgefressen haben.

V. Ergänzen Sie (zuerst selbstständig) die folgenden Sätze. Wenn das zu schwierig ist, suchen Sie die passenden Satzteile dafür unten aus.

1. Unter den vielen Besuchern in einer Ausstellung....................
2. Der Mann stand vor einem Bild und konnte nicht verstehen, ...
3. Er fragte deshalb einen anderen Besucher, ...
4. Der Mann konnte keine Wiese sehen, ...
5. Warum sollen die Kühe auf der Wiese bleiben,....................

a) weil die Kühe das Gras abgefressen haben.
b) was das Bild darstellen sollte.
c) wenn das Gras abgefressen ist?
d) befand sich auch ein alter Mann.
e) der wie ein Künstler aussah.

1	2	3	4	5

Moderne Malerei

VI. Übersetzen Sie ins Deutsche.
1. Na wystawie nowoczesnych malarzy był również pewien stary mężczyzna.
2. On nie mógł zrozumieć, co miał przedstawiać pewien duży obraz.
3. Dlatego zapytał o to innego mężczyznę, który wyglądał na artystę.
4. To widać po tytule.
5. Dlaczego mają być krowy na łące, jeśli już nie ma trawy?

VII. Erzählen Sie die Geschichte nach.

Moderne Malerei 3

Kühe auf einer Wiese im Jahre 2050

4 Die Fehler

Eines Tages kam der Chirurg Ferdinand Sauerbruch zu dem Berliner Maler Max Liebermann, der zu dieser Zeit schon sehr bekannt war. Der Chirurg wollte ein Porträt von sich. Liebermann nahm den Auftrag an und machte sich sofort an die Arbeit. Die Zeit verging langsam. Immer wieder sah Sauerbruch auf die Uhr. Nach zwei Stunden war die Sitzung immer noch nicht zu Ende. Viele Sitzungen folgten. Auch sie dauerten lange, denn Liebermann arbeitete sehr gründlich. Der Chirurg dachte aber an seine Patienten, die auf ihn warteten. Langsam verlor er die Geduld, aber er sagte nichts. Nach elf Sitzungen konnte er sich nicht mehr beherrschen und sagte schließlich: „Mein lieber Liebermann, wann zum Teufel ist denn das Ding da fertig?"
Liebermann lächelte nur. „Es geht wirklich nicht anders, mein Freund", antwortete er ruhig.
„Sehen Sie: Sie sind auch ein Mensch, Sie machen auch Fehler. Aber Ihre Fehler kommen sofort un-

ter die Erde. Dann sieht man sie nicht mehr. Meine Fehler jedoch sieht man mindestens hundert Jahre an der Wand hängen!"

WÖRTER UND WENDUNGEN

der Fehler, - ⇨ błąd
eines Tages ⇨ pewnego dnia
der Chirurg, -en ⇨ chirurg
zu dieser Zeit ⇨ w tym okresie/czasie
bekannt ⇨ znany
das Porträt, -s ⇨ portret
den Auftrag an/nehmen ⇨ przyjąć zlecenie/zamówienie
sich an die Arbeit machen ⇨ zabrać się do pracy
vergehen (verging, vergangen s.) ⇨ upływać, przemijać
immer wieder ⇨ wciąż
sehen (sah, gesehen) ⇨ patrzeć
die Sitzung, -en ⇨ posiedzenie, tu: seans
zu Ende sein ⇨ skończyć się
folgen ⇨ następować
dauern ⇨ trwać
gründlich ⇨ dokładnie, gruntownie

denken (dachte, gedacht) (an A) ⇨ myśleć (o)
der Patient, -en ⇨ pacjent
warten (auf A) ⇨ czekać (na)
die Geduld verlieren ⇨ stracić cierpliwość
sich beherrschen ⇨ opanować się
schließlich ⇨ w końcu
zum Teufel ⇨ do diabła
das Ding, -e ⇨ rzecz
fertig ⇨ gotowy
lächeln ⇨ uśmiechać się
wirklich ⇨ rzeczywiście, naprawdę
der Mensch, -en ⇨ człowiek
sofort ⇨ natychmiast
unter die Erde kommen ⇨ iść do ziemi
mindestens ⇨ co najmniej
an der Wand hängen ⇨ wisieć na ścianie

4 Die Fehler

I. Hören Sie sich bitte die Geschichte ein- oder zweimal an und entscheiden Sie, ob die folgenden Sätze richtig oder falsch sind.

	R	F
1. Der Chirurg Ferdinand Sauerbruch wollte bei Max Liebermann ein Porträt von seiner Frau bestellen.		
2. Eine Sitzung reichte dem Maler nicht aus, um mit dem Porträt des Chirurgen fertig zu werden.		
3. Während jeder Sitzung dachte der Chirurg an seine Patienten, die auf ihn warteten.		
4. Nach fünf Sitzungen fragte der aufgeregte Chirurg den Maler, wann das Porträt endlich fertig sein würde.		
5. Der Maler sagte, dass die Fehler der Ärzte sofort unter die Erde kommen, während (*podczas gdy*) die Fehler der Maler lange zu sehen sind.		

II. Hören Sie sich die Geschichte noch einmal an und antworten Sie anschließend auf die folgenden Fragen.

Schlüsselwörter:

- Der Auftrag – zlecenie, zamówienie
- Die Sitzung – posiedzenie, tu: seans
- Die Geduld – cierpliwość
- Die Erde – ziemia

1. Wo lebte der bekannte Maler Max Liebermann?
2. Warum kam der Chirurg Ferdinand Sauerbruch zum Maler?
3. Wann begann der Maler mit der Arbeit?
4. Wie lange dauerte die erste Sitzung?
5. An wen dachte der Chirurg während der Sitzungen bei Liebermann?
6. Was passierte nach der elften Sitzung?
7. Wie reagierte der Maler auf das Benehmen und die Frage des Chirurgen?

4
Die Fehler

III. Hören Sie die Geschichte ein weiteres Mal, wobei Sie bitte die Aufnahme nach jedem Satz anhalten und den Satz nachsprechen. Versuchen Sie auch die Aussprache und die Betonung richtig nachzuahmen (*naśladować*).

IV. Ergänzen Sie (zuerst selbstständig) die folgenden Sätze. Wenn das zu schwierig ist, suchen Sie die passenden Satzteile dafür unten aus.

1.	Der Chirurg Ferdinand Sauerbruch....................................
2.	Der Maler machte sich sofort...
3.	Während der Sitzung schaute der Chirurg immer wieder.............
4.	Nach zwei Stunden war die Sitzung...................................
5.	„Ihre Fehler, Herr Sauerbruch, kommen sofort.......................
a)	immer noch nicht zu Ende.
b)	unter die Erde."
c)	wollte ein Porträt von sich machen.
d)	an die Arbeit.
e)	auf die Uhr.

1	2	3	4	5

V. Ergänzen Sie die passenden Präpositionen (eventuell mit dem Artikel).

1. Der Chirurg Ferdinand Sauerbruch kam eines Tages .... dem Berliner Maler Max Liebermann, der .... dieser Zeit schon sehr bekannt war.
2. Der Chirurg wollte ein Porträt .... sich.
3. Max Liebermann machte sich sofort .... die Arbeit.
4. Der Chirurg dachte .... seine Patienten und schaute oft .... die Uhr.

5. .... elf Sitzungen sagte der Chirurg zum Maler: „Wann ....
   .... Teufel ist das Porträt fertig?"
6. Der Maler sagte, dass die Fehler des Chirurgen sofort ....
   die Erde kommen.
7. Die Bilder eines bekannten Malers sieht man lange .... der
   Wand hängen.

VI. Wie lautet der Infinitiv von folgenden Verben im Präteritum?

1. er kam	kommen	6. er folgte	....
2. er war	....	7. es dauerte	....
3. er nahm an	....	8. er dachte	....
4. es verging	....	9. er verlor	....
5. er sah	....	10. er konnte	....

VII. Übersetzen Sie ins Deutsche.
1. Max Liebermann był znanym berlińskim malarzem.
2. Pewien chirurg chciał mieć swój portret.
3. Malarz zabrał się natychmiast do pracy.
4. Każdy „seans" trwał co najmniej dwie godziny.
5. Chirurg myślał o swoich pacjentach, którzy na niego czekali.
6. Pewnego dnia chirurg stracił cierpliwość i zapytał malarza, kiedy portret będzie gotowy.
7. W przeciwieństwie do (*im Gegensatz zu*) błędów chirurgów błędy malarzy widać przez wiele lat.

VIII. Erzählen Sie die Geschichte nach.

IX. Versetzen Sie sich in die Rolle des Malers, der die Geschichte seinem Freund erzählt.

5 Der Schriftkenner

Der berühmte französische Schriftsteller Honoré de Balzac glaubte, dass er den Charakter eines Menschen aus seiner Schrift lesen konnte. Darauf war Balzac immer sehr stolz. Eines Tages zeigte ihm eine Dame die Seite eines Briefes mit sehr schlechter Schrift. Sie bat den Schriftsteller: „Bitte betrachten Sie die Schrift und sagen Sie mir etwas über den Charakter und die Zukunft dieses Menschen. Diesen Brief hat ein Junge von 12 Jahren geschrieben."

Balzac sah sich den Brief genau an und sagte schließlich: „Zuerst stelle ich Ihnen eine Frage: Sind Sie die Mutter dieses Kindes?"

5

„Nein", antwortete die Dame.

„Gut", sagte Balzac. „Dann kann ich offen mit Ihnen sprechen. Leider ist dieses Kind faul, frech und eigensinnig. Es wird keinen Erfolg im Leben haben."

Die Dame lachte laut. Balzac fragte erstaunt: „Warum lachen Sie?"

Da erklärte die Dame: „Diesen Brief haben Sie mir geschrieben, als Sie, Herr Balzac, 12 Jahre alt waren."

WÖRTER UND WENDUNAGEN

der Schriftkenner, - ⇨ grafolog, znawca pisma
berühmt ⇨ słynny
der Schriftsteller, - ⇨ pisarz
glauben ⇨ sądzić, wierzyć
die Schrift, -en ⇨ pismo, charakter pisma
stolz (auf A) ⇨ dumny (z)
zeigen ⇨ pokazać
der Brief, -e ⇨ list
bitten (bat, gebeten) ⇨ prosić
betrachten ⇨ popatrzeć (na coś)
die Zukunft ⇨ przyszłość

der Junge, -n ⇨ chłopiec
sich (D) etw. an/sehen (sah an, angesehen) ⇨ obejrzeć (coś)
schließlich ⇨ w końcu
zuerst ⇨ najpierw
offen ⇨ otwarcie
faul ⇨ leniwy
frech ⇨ bezczelny
eigensinnig ⇨ uparty
der Erfolg, -e ⇨ sukces
erstaunt ⇨ zdziwiony

5 Der Schriftkenner

I. Hören Sie sich bitte die Geschichte ein- oder zweimal an und entscheiden Sie anschließend, ob die folgenden Sätze richtig oder falsch sind.

		R	F
1.	Der Schriftsteller Honoré de Balzac glaubte, dass er den Charakter eines Menschen aus seiner Hand lesen konnte.		
2.	Eines Tages zeigte ihm eine Dame das Foto einer Hand.		
3.	Das Foto zeigte einen Jungen von zwei Jahren.		
4.	Balzac fragte die Dame, ob sie die Mutter dieses Jungen sei.		
5.	Die Dame beantwortete die Frage, ob sie die Mutter dieses Jungen sei, mit folgenden Worten: „Ja, das ist mein Kind."		
6.	Als Balzac den Brief sah, sagte er: „Leider ist dieses Kind faul und frech, und es wird keinen Erfolg im Leben haben."		
7.	Diesen Brief hatte Balzac selbst geschrieben, als er zwanzig Jahre alt war.		

II. Hören Sie sich die Geschichte noch einmal an und beantworten Sie dann die folgenden Fragen.

Schlüsselwörter:
- Die Schrift – pismo
- stolz – dumny
- die Zukunft – przyszłość
- der Erfolg – sukces

1. Worauf war Balzac immer sehr stolz?
2. Was zeigte ihm eines Tages eine Dame?
3. Worum bat die Dame den berühmten Schriftsteller?

4. Welche Frage stellte Balzac der Dame?
5. Was hat Balzac der Dame gesagt, als er sich die Schrift des Briefes angesehen hatte?
6. Warum hat die Dame gelacht?

III. Hören Sie die Geschichte ein weiteres Mal, wobei Sie bitte die Aufnahme nach jedem Satz anhalten und den Satz nachsprechen. Versuchen Sie auch die Aussprache und die Betonung richtig nachzuahmen.

IV. Finden Sie im Text Antonyme zu folgenden Wörtern.

1. die Vergangenheit   ....
2. das Mädchen   ....
3. dann/danach   ....
4. fleißig   ....
5. brav/schüchtern   ....
6. die Niederlage (porażka)   ....

V. Wie lautet die richtige Form der Wörter in den Klammern?

1. Der .... (berühmt) Schriftsteller Honoré de Balzac glaubte, den Charakter .... (ein Mensch) aus seiner Schrift lesen zu können.
2. Eines Tages .... (zeigen) ihm eine Dame einen Brief mit sehr .... (schlecht) Schrift.
3. Diesen Brief hat ein Junge von .... (zwölf Jahre) geschrieben.
4. Darf ich .... (Sie) eine Frage stellen?
5. Sind Sie die Mutter .... (dieses Kind)?
6. .... (können) ich mit Ihnen offen sprechen?
7. Diesen Brief hat Balzac .... (schreiben), als er 12 Jahre alt .... (sein).

Der Schriftkenner

VI. Übersetzen Sie ins Deutsche.

1. Czy potrafisz wyczytać charakter człowieka z jego pisma?
2. Jestem dumny ze swojego brata.
3. Czy mogę panu zadać (postawić) jedno krótkie pytanie?
4. Czy pani jest matką tego chłopca?
5. Czy możemy szczerze (otwarcie) porozmawiać o tym dziecku?
6. On nie odniesie żadnego sukcesu w życiu.
7. Ten list napisał pan do mnie, gdy pan miał 12 lat.

VII. Erzählen Sie die Geschichte nach.

VIII. Erzählen Sie die Geschichte nach aus der Sicht des Schriftstellers/der Dame.

5 Der Schriftkenner

6 Die clevere Anzeige

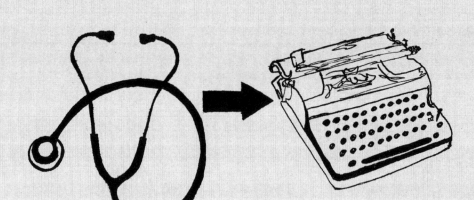

William Somerset Maugham (1874–1965) war Arzt von Beruf, schrieb aber nebenbei Romane.
Sein erstes Buch, das im Jahr 1897 erschien, verkaufte sich allerdings schlecht. Der Verlag tat nichts, um den Absatz zu erhöhen. Schließlich hatte der junge Maugham eine kreative Idee: Er wollte selbst für sein Buch werben. Er veröffentlichte also eine große Anzeige in der Zeitung.
Die Anzeige lautete:
„Junger Millionär, sportlich, kultiviert, musikalisch, verträglich und empfindsam wünscht ein junges hübsches Mädchen zu heiraten, das in jeder Hinsicht der Heldin des Romans von W. Somerset Maugham gleicht."
Das erwies sich als eine sehr gute Idee.

6

Eine Woche nach Erscheinen der Anzeige war die gesamte erste Auflage seines Romans ausverkauft. Der Erfolg war so groß, dass Maugham seinen Arztberuf aufgeben konnte. Bis zu seinem Lebensende arbeitete er nur noch als Schriftsteller.

William Somerset Maugham zählt heutzutage zu den meistgelesenen englischsprachigen Autoren des 20. Jahrhunderts. Er hat über 30 Bücher und Theaterstücke geschrieben. Die meisten davon wurden auch verfilmt.

WÖRTER UND WENDUNGEN

clever ⇨ tu: sprytny
die Anzeige, -n ⇨ ogłoszenie
nebenbei ⇨ dodatkowo
der Roman, -e ⇨ powieść
erscheinen (erschien, erschienen s.) ⇨ ukazywać się
allerdings ⇨ jednak
der Verlag, -e ⇨ wydawnictwo
der Absatz ⇨ tu: zbyt
erhöhen ⇨ podwyższać
schließlich ⇨ w końcu
werben (warb, geworben) ⇨ reklamować
veröffentlichen ⇨ opublikować
lauten ⇨ brzmieć
kultiviert ⇨ kulturalny
verträglich ⇨ zgodny, ustępliwy

empfindsam ⇨ wrażliwy
in jeder Hinsicht ⇨ pod każdym względem
die Heldin, -nen ⇨ bohaterka
j-m gleichen (glich, geglichen) ⇨ być podobnym do kogoś
sich erweisen (erwies, erwiesen) ⇨ okazać się
das Erscheinen ⇨ tu: ukazanie się drukiem
die Auflage, -n ⇨ nakład
ausverkauft ⇨ wyprzedany
der Erfolg, -e ⇨ sukces
auf/geben (gab auf, aufgegeben) ⇨ rezygnować
das Lebensende ⇨ koniec życia
zählen zu ⇨ zaliczać się do
meistgelesen ⇨ najczęściej czytany
englischsprachig ⇨ angielskojęzyczny
verfilmen ⇨ tu: zekranizować

6 Die clevere Anzeige

I. Hören Sie sich bitte die Geschichte ein- oder zweimal an und entscheiden Sie, ob die folgenden Sätze richtig oder falsch sind.

		R	F
1.	Herr Maugham war ein britischer Arzt und Schriftsteller.		
2.	Sein erstes Buch verkaufte sich am Anfang sehr gut.		
3.	Herr Maugham hat eine Anzeige in der Zeitung veröffentlicht.		
4.	Er warb für sein Buch.		
5.	Die Anzeige war ein großer Erfolg.		
6.	Herr Maugham arbeitete sein ganzes Berufsleben als Arzt und als Schriftsteller.		
7.	Er hat 13 Bücher geschrieben.		
8.	Alle seine Bücher wurden verfilmt.		

II. Hören Sie sich die Geschichte noch einmal an und antworten Sie anschließend auf die folgenden Fragen.

Schlüsselwörter:
- der Verlag – wydawnictwo
- der Absatz – tu: zbyt
- werben – reklamować
- die Anzeige – ogłoszenie

1. Was machte William Somerset Maugham beruflich?
2. In welchem Jahr erschien sein erstes Buch?
3. Welches Problem gab es mit dem ersten Buch?
4. Welche Idee hatte Herr Maugham?
5. Was schrieb er in die Zeitungsanzeige?
6. Was passierte nach dem Erscheinen der Anzeige?
7. Warum konnte Herr Maugham seinen Arztberuf aufgeben?
8. Warum ist William Somerset Maugham so bekannt?

Die clevere Anzeige

III. Hören Sie die Geschichte ein weiteres Mal, wobei Sie bitte die Aufnahme nach jedem Satz anhalten und den Satz nachsprechen. Versuchen Sie auch die Aussprache und die Betonung richtig nachzumachen.

IV. Ergänzen Sie (zuerst selbstständig) die folgenden Sätze. Falls das zu schwierig ist, wählen Sie die passenden Satzteile dafür unten aus.

1. William Somerset Maugham (1874–1965) war ....
2. Sein erstes Buch verkaufte ....
3. Der Verlag tat nichts, ...
4. Schließlich hatte der junge Maugham ....
5. Er wollte selbst ....
6. Er veröffentlichte eine ....
7. Eine Woche nach dem Erscheinen der Anzeige ....
8. Der Erfolg war so groß, ...
9. Bis zu seinem Lebensende ....

a) um den Absatz zu erhöhen.
b) eine kreative Idee.
c) große Anzeige in der Zeitung.
d) war die ganze erste Auflage seines Romans ausverkauft.
e) Arzt von Beruf.
f) arbeitete er nur noch als Schriftsteller.
g) dass er seinen Arztberuf aufgeben konnte.
h) für sein Buch werben.
i) sich allerdings schlecht.

1	2	3	4	5	6	7	8	9

Hören – Verstehen – Sprechen

Die clevere Anzeige

V. Schreiben Sie die Sätze im Perfekt.

1. Sein erstes Buch erschien im Jahr 1897.
   ....
2. Das Buch verkaufte sich schlecht.
   ....
3. Der Verlag tat nichts, um den Absatz zu erhöhen.
   ....
4. Maugham hatte eine kreative Idee.
   ....
5. Er wollte selbst für sein Buch werben.
   ....
6. Er veröffentlichte eine Anzeige in der Zeitung.
   ....
7. Das war eine gute Idee.
   ....
8. Bis zu seinem Lebensende arbeitete er als Schriftsteller.
   ....
9. Die meisten Bücher von ihm wurden verfilmt.
   ....

VI. Unterteilen Sie die Charaktereigenschaften.

~~aggressiv~~, arrogant, ~~bescheiden~~, bösartig, egozentrisch, empfindsam, fanatisch, faul, frech, gerecht, gierig, kommunikativ, kultiviert, kreativ, liebevoll, mutig, nett, rücksichtslos, sportlich, streitsüchtig, stur, verträglich

Positive Charaktereigenschaften	Negative Charaktereigenschaften
▪ bescheiden	▪ aggressiv
▪	▪

Positive Charaktereigenschaften	Negative Charaktereigenschaften
■	■
■	■
■	■
■	■
■	■
■	■
■	■
■	■
■	■

VII. Übersetzen Sie ins Deutsche.

1. William Somerset Maugham napisał ponad 30 książek.
2. Jego druga książka sprzedawała się dobrze.
3. Wydawnictwo robiło dużo, żeby zwiększyć zbyt.
4. On nie chciał sam reklamować swojej książki.
5. Opublikował małe ogłoszenie w gazecie.
6. Ona jest podobna do mojej siostry.
7. Sukces był tak duży, że Maugham pracował później tylko jako pisarz.

VIII. Erzählen Sie die Geschichte nach.

IX. Versetzen Sie sich in die Rolle von Herrn Maugham, der seinem besten Freund diese Geschichte erzählt.

7 Das geheimnisvolle Ding

Ein alter Araber, Herr Ali, lebt seit über 40 Jahren in Chicago. Er würde gern in seinem Garten Kartoffeln pflanzen, aber er ist allein, alt und schwach. Eines Abends schreibt er eine E-Mail an seinen Sohn, der in Paris studiert.

„Lieber Ahmed, ich bin sehr traurig, weil ich in meinem Garten keine Kartoffeln pflanzen kann. Ich bin sicher, wenn du bei mir wärst, könntest du mir helfen und den Garten umgraben. Ich liebe dich. Dein Vater."

Wenig später erhält der alte Mann eine E-Mail von seinem Sohn aus Paris:

„Lieber Vater, bitte grabe auf keinen Fall im Garten. Dort habe ich nämlich ‚das Ding' versteckt. Ich liebe dich auch. Dein Sohn Ahmed."

Um 4 Uhr morgens erscheinen bei dem alten Mann die US-Armee, das FBI und die CIA. Sie graben den Garten Stück für Stück um, suchen jeden Millimeter ab, finden aber nichts. Resigniert gehen sie wieder.

Am nächsten Tag erhält der alte Mann wieder eine E-Mail von seinem Sohn:

„Lieber Vater, ich bin mir sicher, dass der Garten jetzt komplett umgegraben ist und dass du nun deine Kartoffeln pflanzen kannst. Mehr konnte ich aus der Entfernung leider nicht für dich tun. In Liebe, Ahmed."

WÖRTER UND WENDUNGEN

geheimnisvoll ⇨ tajemniczy
pflanzen ⇨ sadzić
schwach ⇨ słaby
traurig ⇨ smutny
um/graben (grub um, umgegraben) ⇨ przekopywać
graben (grub, gegraben) ⇨ kopać
auf keinen Fall ⇨ w żadnym wypadku

nämlich ⇨ mianowicie
das Ding, -e ⇨ rzecz
verstecken ⇨ schować
erscheinen (erschien, erschienen s.) - pojawiać się
Stück für Stück ⇨ kawałek po kawałku
ab/suchen ⇨ przeszukiwać
erhalten (erhielt, erhalten) ⇨ otrzymywać
die Entfernung, -en ⇨ odległość

7 Das geheimnisvolle Ding

I. Hören Sie sich bitte die Geschichte ein- oder zweimal an und entscheiden Sie, ob die folgenden Sätze richtig oder falsch sind.

		R	F
1.	Herr Ali wohnt in den USA.		
2.	Sein Sohn studiert in Großbritannien.		
3.	Herr Ali ist jung und fit.		
4.	Er möchte Kartoffeln in seinem Garten pflanzen.		
5.	Herr Ali schrieb eine E-Mail an seinen Sohn.		
6.	Sein Sohn Ahmed hatte eine außergewöhnliche (wyjątkowy) Idee.		
7.	Ahmed war sich sicher, dass die FBI seine E-Mail lesen würde.		
8.	Herr Ali musste seinen Garten selbst umgraben.		

II. Hören Sie sich die Geschichte noch einmal an und antworten Sie anschließend auf die folgenden Fragen.

Schlüsselwörter:
- pflanzen – sadzić
- umgraben – przekopać
- das Ding – rzecz, przedmiot

1. Wie lange lebt Herr Ali schon in den Vereinigten Staaten?
2. Welches Problem hat er?
3. Wo lebt sein Sohn Ahmed?
4. Was schreibt Herr Ali an seinen Sohn?
5. Was machen die Besucher in Herrn Alis Garten?
6. Was schreibt Ahmed am nächsten Tag an seinen Vater?

Das geheimnisvolle Ding

7

III. Hören Sie die Geschichte ein weiteres Mal, wobei Sie bitte die Aufnahme nach jedem Satz anhalten und den Satz nachsprechen. Versuchen Sie auch die Aussprache und die Betonung richtig nachzumachen.

IV. Ergänzen Sie (zuerst selbstständig) die folgenden Sätze. Falls das zu schwierig ist, wählen Sie die passenden Satzteile dafür unten aus.

1. Herr Ali würde gerne in ....
2. Am Abend schreibt er eine E-Mail ....
3. Lieber Ahmed, ich bin sehr traurig, weil...............................
4. Wenig später erhält der alte Mann eine E-Mail von ....
5. Lieber Vater, bitte grabe ....
6. Sie graben den Garten..
7. Ich bin mir sicher, dass der Garten ....
8. Mehr konnte ich aus der Entfernung ....

a) ich in meinem Garten keine Kartoffeln pflanzen kann.
b) seinem Sohn aus Paris.
c) auf keinen Fall im Garten.
d) leider nicht für dich tun.
e) seinem Garten Kartoffeln pflanzen.
f) nun komplett umgegraben ist.
g) an seinen Sohn, der in Paris studiert.
h) Stück für Stück um.

| 1 | 2 | 3 | 4 | 5 | 6 | 7 | 8 |

7 Das geheimnisvolle Ding

V. Formulieren Sie die Sätze um (Präsens – Konjunktiv II).

Beilspiel:
- Er pflanzt Kartoffeln in seinem Garten.
- Er *würde* gerne in seinem Garten Kartoffeln *pflanzen*.

1. Sie studiert in Paris.
   ....
2. Ihr schreibt gern eine E-Mail, nicht wahr?
   ....
3. Wenn du hier bist, kannst du mir helfen.
   ....
4. Wir finden bestimmt etwas.
   ....
5. Das erscheint morgen in der Zeitung.
   ....
6. Sie graben den Garten bestimmt um.
   ....
7. Ich erhalte morgen gern eine E-Mail von Ihnen.
   ....

VI. Wählen Sie zwischen Präteritum (z.B. konnte) und Konjunktiv II (z.B. könnte), natürlich in der passenden Form.

1. Ich .... das vielleicht tun, aber ich habe gerade leider keine Zeit.
2. Ich .... das nicht tun, weil ich leider keine Zeit hatte.
3. Wann .... du das schreiben, vielleicht schon morgen?
4. Wir .... den Garten nicht umgraben, es war zu kalt.
5. Wenn du später kommen ...., wäre es super.
6. .... ihr mir diese E-Mail zuschicken?

7. Sie .... nächste Woche kommen, wenn Sie wollen.
8. Ich .... die E-Mail noch nicht lesen, ich hatte keine Internetverbindung.
9. Ahmed hatte eine gute Idee und deshalb .... er seinem Vater helfen.
10. Wenn wir weitersuchen würden, ... wir vielleicht etwas finden.

VII. Übersetzen Sie ins Deutsche.
1. Pan Ali mieszka od ponad 30 lat w USA.
2. Chętnie posadziłby w swoim ogrodzie pomidory, ale jest za słaby.
3. Pan Ali pisze maila do swojego syna, który mieszka we Francji.
4. Jestem smutny, bo nie mogę w swoim ogrodzie posadzić pomidorów.
5. Drogi ojcze, proszę nie kop w żadnym wypadku w ogrodzie.
6. Jestem pewien, że twój ogród jest teraz przekopany.
7. To jest wszystko, co mogłem dla ciebie zrobić z tej odległości.

VIII. Erzählen Sie die Geschichte nach.

IX. Versetzen Sie sich in die Rolle von Ahmed, der seinen Kommilitonen in Paris diese Geschichte erzählt.

8 | Es geschah um Mitternacht

Es war Winter, kurz vor Mitternacht. Durch die leeren Straßen eines kleinen Städtchens ging ein Bauer. Er suchte das Haus des Arztes und fand es auch. Er klingelte lange an der Haustür. Der Doktor steckte den Kopf aus dem Fenster.

„Meine Frau ist krank. Können Sie mit mir kommen?", fragte der Bauer.

Der Arzt zog sich an und ging mit dem Bauern durch den tiefen Schnee. Der Weg war weit und die Winternacht bitterkalt. Der Bauer wohnte eine gute Stunde vor der Stadt. Sein Haus lag ganz allein an einem großen Wald. Müde und nass kamen beide dort an. Vor der Tür klopften sie den Schnee von den Kleidern. Dann ließ der Bauer den Arzt ins Haus. Dort wärmte er sich die Hände ein wenig am Ofen. Dann folgte er dem Bauern in das Krankenzimmer.

Da lag die Frau im Bett, aber sie sah nicht sehr krank aus und litt auch nicht viel. Der Doktor untersuchte sie gründlich, aber er fand keine schwere Krankheit. Er half, so gut er konnte und ging hinaus.

8

„Wie können Sie mich bei diesem Wetter für eine so leichte Krankheit nachts aus dem Bett holen?", sagte der Arzt böse zu dem Mann, der ihm folgte. Bald aber musste er laut lachen, denn der Bauer legte die Hand aufs Herz, sah ihm traurig in die Augen und sagte: „Wissen Sie, Herr Doktor, wir sind arm und können Sie nicht bezahlen. Da hab' ich zu meiner Frau gesagt, ich hole den Doktor bei der Nacht, da verliert er keine Arbeitszeit."

WÖRTER UND WENDUNGEN

geschehen (geschah, geschehen s.) ⇨ wydarzyć się
(die) Mitternacht ⇨ północ
der Winter, - ⇨ zima
leer ⇨ pusty
das Städtchen, - ⇨ miasteczko
der Bauer, -n ⇨ wieśniak, chłop
der Arzt, ⸗e ⇨ lekarz
klingeln ⇨ dzwonić
den Kopf aus dem Fenster stecken ⇨ wyjrzeć (wystawić głowę) przez okno
sich an/ziehen (zog an, angezogen) ⇨ ubrać się
tief ⇨ głęboki
der Schnee ⇨ śnieg
der Weg, -e ⇨ droga
bitterkalt ⇨ przeraźliwie/przejmująco zimno
liegen (lag, gelegen) ⇨ leżeć, tu: znajdować się

der Wald, ⸗er ⇨ las
müde ⇨ zmęczony
nass ⇨ mokry
an/kommen (D) (kam an, angekommen s.) ⇨ przybyć
den Schnee klopfen ⇨ strzepać śnieg
die Kleider (Pl.) ⇨ ubrania
j-n ins Haus lassen ⇨ wprowadzić kogoś do domu
sich (D) die Hände wärmen ⇨ ogrzać sobie ręce
der Ofen, ⸗ ⇨ piec
j-m folgen ⇨ pójść za kimś
aus/sehen (sah aus, ausgesehen) ⇨ wyglądać
leiden (litt, gelitten) ⇨ cierpieć
untersuchen ⇨ (z)badać
gründlich ⇨ gruntownie, dokładnie
schwer ⇨ ciężki
die Krankheit, -en ⇨ choroba
helfen (half, geholfen) ⇨ pomagać

können (konnte, gekonnt) ⇨ móc, potrafić, umieć
hinaus/gehen (ging hinaus, hinausgegangen s.) ⇨ wyjść
das Wetter ⇨ pogoda
leicht ⇨ lekki
nachts ⇨ nocą
j-n aus dem Bett holen ⇨ wyciągnąć kogoś z łóżka
böse ⇨ zły, rozgniewany
müssen (musste, gemusst) ⇨ musieć
lachen ⇨ śmiać się
legen ⇨ położyć
das Herz, -en ⇨ serce
traurig ⇨ smutny
arm ⇨ biedny
bezahlen ⇨ opłacić (kogoś, coś)
den Doktor holen ⇨ sprowadzić doktora/lekarza
verlieren (verlor, verloren) ⇨ stracić, zgubić, przegrać
die Arbeitszeit, -en ⇨ czas pracy

8 Es geschah um Mitternacht

I. Hören Sie sich bitte die Geschichte ein- oder zweimal an und entscheiden Sie, ob die folgenden Sätze richtig oder falsch sind.

		R	F
1.	Eines Nachts ging ein kranker Bauer zum Arzt.		
2.	Es war Winter, und es gab viel Schnee.		
3.	Der Arzt ließ den Bauern in sein Haus und untersuchte ihn gründlich.		
4.	Der Arzt und der Bauer gingen in das Haus des Bauern, denn die Frau des letzteren war krank.		
5.	Das Haus des Bauern lag mitten im Wald.		
6.	Der Arzt fand bei der Frau des Bauern keine schwere Krankheit.		
7.	Der Nachtbesuch des Arztes kostete den Bauern viel Geld.		
8.	Der Bauer holte den Doktor in der Nacht, weil er nicht wollte, dass der Doktor seine Arbeitszeit verliert.		

II. Hören Sie sich die Geschichte noch einmal an und antworten Sie anschließend auf die folgenden Fragen.

Schlüsselwörter:
- (die) Mitternacht – północ
- leiden (litt, gelitten) – cierpieć
- untersuchen – (z)badać

1. Wann spielt die Handlung der Geschichte?
2. Wie waren die Straßen des Städtchens?
3. Was machte der Bauer an der Haustür des Arztes?
4. Was sagte der Bauer zu dem Arzt?
5. Wo wohnte der Bauer?
6. Was erfahren wir (*dowiadujemy się*) von der Krankheit der Frau?
7. Warum war der Arzt böse auf den Bauern?
8. Warum holte der Bauer den Doktor in der Nacht?

III. Hören Sie die Geschichte ein weiteres Mal, wobei Sie bitte die Aufnahme nach jedem Satz anhalten und den Satz nachsprechen. Versuchen Sie auch die Aussprache und die Betonung richtig nachzuahmen.

IV. Ergänzen Sie (zuerst selbstständig) die folgenden Sätze. Wenn das zu schwierig ist, suchen Sie die passenden Satzteile dafür unten aus.

1. Der Bauer klingelte lange ....
2. Der Doktor steckte den Kopf ....
3. Der Bauer ging mit dem Arzt ....
4. Das Haus des Bauern lag ....
5. Der Arzt wärmte sich die Hände ....
6. Die Frau des Bauern sah ....
7. Der Bauer war arm und konnte ....

a) durch den tiefen Schnee.
b) den Arzt nicht bezahlen.
c) am Ofen.
d) an der Haustür des Arztes.
e) an einem großen Wald.
f) aus dem Fenster.
g) nicht sehr krank aus.

1	2	3	4	5	6	7	8

V. Ergänzen Sie die passenden Verben in der richtigen Form.

1. Kurz vor Mitternacht .... ein Bauer durch die Straßen eines kleinen Städtchens.
2. Er fand das Haus des Arztes und .... lange an der Haustür.
3. Der Bauer fragte den Arzt: „................................ Sie mit mir kommen? Meine Frau .... krank."

8 Es geschah um Mitternacht

4. Das Haus des Bauern .... an einem großen Wald.
5. Der Arzt .... sich (in der Wohnung des Bauern) die Hände am Ofen.
6. Die Frau des Bauern .... im Bett, aber sie .... nicht sehr krank aus.
7. Der Arzt .... sie gründlich, aber er .... keine schwere Krankheit.
8. „Wie können Sie mich bei diesem Wetter für eine so leichte Krankheit nachts aus dem Bett ....?", sagte der Arzt böse zu dem Bauern.
9. Der Bauer .... die Hand aufs Herz, ... dem Arzt traurig in die Augen und sagte: „Wir sind arm, Herr Doktor, und können Sie nicht ...."

VI. Lösen Sie das Kreuzworträtsel. Wie heißt das Stichwort (10 senkrecht)?

WAAGERECHT:
1. Ein anderes Wort für „Arzt"
2. Das Gegenteil von „lustig"
3. Eine größere Fläche mit vielen Bäumen
4. Zum Skifahren braucht man ....
5. Sehr/unangenehm kalt; eiskalt
6. Mein Bruder ist technisch unbegabt; er hat einfach zwei linke ....

7. Das Gegenteil von „gewinnen"
8. Meine Großeltern .... schon lange an Rheuma.
9. Immer mehr Leute haben eine flexible ...., das heißt, sie müssen zum Beispiel nicht unbedingt jeden Tag Punkt acht in der Arbeit sein.

SENKRECHT:

10. ....

VII. Übersetzen Sie ins Deutsche.
1. Na krótko przed północą pewien wieśniak przyszedł do małego miasteczka.
2. On chciał sprowadzić lekarza, ponieważ jego żona była chora.
3. Dom wieśniaka znajdował się obok dużego lasu.
4. Żona wieśniaka leżała w łóżku, lecz nie wyglądała na ciężko chorą.
5. Lekarz zbadał ją dokładnie, ale nie stwierdził żadnej ciężkiej choroby.
6. Dlaczego pan mnie wyciągnął w nocy z łóżka przy takiej pogodzie?
7. Nie chciałem, żeby (dass) pan w ciągu dnia tracił swój czas pracy.

9 Eine Kontrolle im Lokal

„Nun, Herr Kollege", sagte der Chefredakteur zu seinem neuen Angestellten, „heute zeigen Sie mal, was Sie können. Haben Sie von der Gaststätte ‚Zum goldenen Löwen' gehört? Unsere Leser schreiben, dass in diesem Lokal kalte Speisen und schlechter Kaffee serviert werden, die Teller und die Tischdecken schmutzig sind und die Bedienung unhöflich ist. Ihre Aufgabe ist es, das zu kontrollieren."

Am Vormittag des nächsten Tages erzählte der junge Angestellte seinem älteren Kollegen, der schon lange in der Redaktion arbeitete, welche Aufgabe er vom Chef bekommen hatte.

Die beiden beschlossen, zusammen in das Lokal zu gehen. Der Leiter der Gaststätte begrüßte sie höflich und zeigte ihnen einen Tisch. Kaum hatten sie Platz genommen, erkundigte sich auch schon ein Kellner nach ihren Wünschen. Sie bestellten zwei Mittagessen. Das Essen schmeckte ihnen ausgezeichnet. Die Speisen waren warm, die Teller und das Besteck sauber und die Tischdecke schneeweiß.

„Ich habe selten besser gegessen und eine höflichere Bedienung gesehen", stellte der ältere Kollege fest. „Sind wir im falschen Lokal?"

9

Sie bestellten noch zwei Kaffee. Auch der Kaffee war sehr gut. „Ich habe nie besseren Kaffee getrunken", sagte er. „Unsere Leser haben uns wohl falsch informiert", meinte der junge Mann.

„Nein", antwortete der ältere von den Journalisten, „vielleicht hat aber der Leiter des Lokals gewusst, dass wir kommen." „Natürlich hat er das gewusst", erklärte der junge Mann. „Ich wollte sicher sein, dass wir einen Platz bekommen und habe deshalb den Leiter angerufen und einen Tisch für zwei Herren von der Presse reserviert."

WÖRTER UND WENDUNGEN

der Angestellte, -n ⇨ urzędnik, zatrudniony
können (konnte, gekonnt) ⇨ tu: umieć, potrafić
die Gaststätte, -n ⇨ restauracja
golden ⇨ złoty
der Löwe, -n ⇨ lew
die Speise, -n ⇨ potrawa
der Teller, - ⇨ talerz
die Tischdecke, -n ⇨ nakrycie stołu, obrus
schmutzig ⇨ brudny
die Bedienung ⇨ obsługa
unhöflich ⇨ nieuprzejmy
die Aufgabe, -n ⇨ zadanie
bekommen (bekam, bekommen) ⇨ otrzymać
beschließen (beschloss, beschlossen) ⇨ postanowić
der Leiter, - ⇨ kierownik
begrüßen ⇨ powitać
kaum ⇨ zaledwie, z ledwością
sich erkundigen (nach) ⇨ dowiadywać się (o)

der Wunsch, ⸚e ⇨ życzenie
bestellen ⇨ zamawiać
schmecken ⇨ smakować
ausgezeichnet ⇨ doskonale
das Besteck, -e ⇨ sztućce
sauber ⇨ czysty
schneeweiß ⇨ śnieżnobiały
selten ⇨ rzadko
fest/stellen ⇨ stwierdzić
falsch ⇨ tu: niewłaściwy
trinken (trank, getrunken) ⇨ pić
meinen ⇨ sądzić, mniemać
der Journalist,-en ⇨ dziennikarz
vielleicht ⇨ być może
wissen (wusste, gewusst) ⇨ wiedzieć
erklären ⇨ tu: oświadczyć
sicher ⇨ pewien, pewny
j-n an/rufen (rief an, angerufen) ⇨ zadzwonić (do)

9 Eine Kontrolle im Lokal

I. Hören Sie sich bitte die Geschichte ein- oder zweimal an und entscheiden Sie dann, ob die folgenden Sätze richtig oder falsch sind.

		R	F
1.	Die Geschichte erzählt von einem goldenen Löwen.		
2.	Die Leser der Zeitung schreiben, dass man in der Gaststätte „Zum goldenen Löwen" kalte Speisen und schlechten Kaffee serviert.		
3.	Der Chefredakteur soll die Informationen der Leser kontrollieren.		
4.	Der junge Angestellte ging nicht allein in das Lokal, um alles zu kontrollieren.		
5.	Die Vertreter (*przedstawiciele*) der Zeitungsredaktion sind in das falsche Lokal gegangen.		
6.	Die Informationen der Leser waren völlig falsch.		
7.	Bei der Kontrolle war alles in Ordnung, denn der Leiter des Lokals wusste, dass es eine Kontrolle geben würde.		

II. Hören Sie sich die Geschichte noch einmal an und antworten Sie anschließend auf die folgenden Fragen.

Schlüsselwörter:
- die Speise – potrawa
- die Bedienung – obsługa
- der Leiter – kierownik

1. Welche Aufgabe bekam der neue Angestellte vom Chefredakteur?
2. Wem erzählte der junge Mann von seiner Aufgabe?
3. Wie und von wem wurden die Vertreter der Zeitungsredaktion im Lokal empfangen?
4. Haben sich die Informationen der Leser bestätigt (*potwierdziły się*)?
5. Warum wurden „die Gäste" so freundlich empfangen?
6. Warum hat der junge Angestellte einen Tisch bestellt?

Eine Kontrolle im Lokal 9

III. Hören Sie die Geschichte ein weiteres Mal, wobei Sie bitte die Aufnahme nach jedem Satz anhalten und den Satz nachsprechen. Versuchen Sie auch die Aussprache und die Betonung richtig nachzuahmen.

IV. Ergänzen Sie (zuerst selbstständig) die folgenden Sätze. Wenn das zu schwierig ist, suchen Sie die passenden Satzteile dafür unten aus.

1. Bitte zeigen Sie mal, was ....
2. Ihre Aufgabe ist es zu kontrollieren, ob ....
3. Der Kellner erkundigte sich sofort, ...
4. „Hat der Leiter des Lokals nicht gewusst, ...
5. „Ich habe den Leiter der Gaststätte angerufen, weil ....

a) dass wir kommen?"
b) die Informationen der Leser richtig sind."
c) ich sicher sein wollte, dass wir einen Tisch bekommen."
d) Sie können."
e) nach den Wünschen der Gäste.

1	2	3	4	5

V. Wie lauten die richtigen Formen der Wörter in den Klammern (w nawiasach)?

1. In diesem Lokal werden .... (kalt) Speisen und .... (schlecht) Kaffee serviert.
2. Der Leiter der Gaststätte zeigte .... (die Gäste) einen .... (frei) Tisch.
3. Der Kellner erkundigte sich sofort nach .... (die Wünsche) der Gäste.
4. Das Essen schmeckte .... (sie, Pl.) ausgezeichnet.
5. „Ich habe selten eine .... (höflich, Komparativ) Bedienung gesehen", stellte der .... (alt, Komparativ) Kollege fest.

9 Eine Kontrolle im Lokal

6. „Hat der Leiter .... (das Lokal) gewusst, dass wir kommen?"
7. „Natürlich hat er das .... (wissen)", erklärte der .... (jung) Mann.
8. „Ich habe .... (der Leiter) der Gaststätte angerufen und einen Tisch für zwei .... (Herr) von der Presse .... (reservieren)."

VI. Finden Sie im folgenden Zauberkasten Wörter, die mit einem Restaurant zusammenhängen (maximal 14).

WAAGERECHT:
1. *Essen*
2. ....
3. ....
4. ....
5. ....
6. ....
7. ....
8. ....
9. ....

SENKRECHT:
10. ....
11. ....
12. ....
13. ....
14. ....

K	R	T	R	I	N	K	E	N	S	L
R	B	Q	T	S	P	E	I	S	E	E
B	E	D	I	E	N	U	N	G	R	I
H	S	E	S	S	E	N	L	R	V	T
Ö	T	K	C	B	A	D	C	F	I	E
F	E	N	H	K	E	L	L	N	E	R
L	C	K	A	F	F	E	E	Q	R	W
I	K	S	C	H	M	E	C	K	E	N
C	H	E	F	A	B	L	R	O	N	O
H	T	I	S	C	H	D	E	C	K	E

VII. Übersetzen Sie ins Deutsche.

1. Pokaż mi, co potrafisz!
2. Słyszałem, że w tym lokalu jest nieuprzejma obsługa.
3. Czy to prawda, że w tej restauracji serwuje się zimne potrawy?
4. Postanowiliśmy (*beschließen*) skontrolować ten lokal.
5. Obiad i kawa smakowały doskonale.
6. Sztućce były czyste, a obrus śnieżnobiały.
7. Jeszcze nigdy nie widziałem bardziej uprzejmej obsługi.
8. Czy kierownik lokalu nie wiedział, że przyjdzie tutaj na obiad dwóch dziennikarzy?
9. Zadzwoniłem do kierownika lokalu i zamówiłem stół dla dwóch dziennikarzy z redakcji gazety.

VIII. Erzählen Sie die Geschichte nach

    a) aus der Sicht des älteren Redakteurs,
    b) aus der Sicht des Lokalleiters.

10 Schubert und das Notenpapier

Franz Schubert (1797–1828) war ein großer österreichischer Komponist. Er hat unter anderem über 600 Lieder komponiert. Trotzdem blieb er sein ganzes Leben lang arm. Es gab Zeiten, da hatte er nicht einmal ein Klavier.
Als er die Oper „Fidelio" von Beethoven hören wollte, musste er Bücher verkaufen, um eine Eintrittskarte bezahlen zu können. Aber Schubert war reich an musikalischen Einfällen. Er konnte unglaublich schnell komponieren. Die Fantasie ging ihm nie aus, nur das Notenpapier. Da er so schnell und viel komponierte, war immer wieder das Notenpapier zu Ende, und er konnte sich nicht immer neues kaufen. Oft besuchte ihn sein Freund, der ein bekannter Maler war. Eines Tages kam er zu Schubert, und wieder einmal hatte Schubert kein Notenpapier mehr. Da nahm der Maler

seinen großen Block und zog Notenlinien. Ein Blatt nach dem anderen wurde so zu Notenpapier. Schubert war glücklich über das Geschenk. Nun konnte er wieder ein paar Tage ohne Sorgen komponieren.

Als Schubert schon längst tot war, wurde der Maler einmal gefragt: „Welche Ihrer Zeichnungen halten Sie selbst für die wertvollste?" Und ohne zu zögern, sagte er: „Meine Notenlinien für Schubert."

WÖRTER UND WENDUNGEN

das Notenpapier ⇨ papier nutowy
der Komponist, -en ⇨ kompozytor
unter anderem ⇨ między innymi
das Lied, -er ⇨ piosenka, pieśń
komponieren ⇨ skomponować
trotzdem ⇨ mimo to
bleiben (blieb, geblieben s.) ⇨ pozostać
arm ⇨ biedny
das Klavier, -e ⇨ pianino
um zu ⇨ ażeby/aby
die Eintrittskarte, -n ⇨ bilet wstępu
reich (an D) ⇨ bogaty (w)
der Einfall, ⸚e ⇨ pomysł
unglaublich ⇨ niewiarygodnie

aus/gehen (ging aus, ausgegangen s.) ⇨ tu: zużywać/kończyć się
zu Ende sein ⇨ (s)kończyć się
(die) Notenlinien ziehen ⇨ nakreślić/narysować linie nutowe
das Blatt, ⸚er ⇨ tu: kartka
glücklich sein (über A) ⇨ być szczęśliwym (z powodu)
das Geschenk, -e ⇨ prezent, podarunek
ohne Sorgen ⇨ bez kłopotów/trosk
schon längst tot sein ⇨ już od dawna nie żyć
die Zeichnung, -en ⇨ rysunek, obraz
halten (hielt, gehalten) (für) ⇨ uważać (za)
wertvoll ⇨ wartościowy, cenny
zögern ⇨ zwlekać, ociągać się

10 Schubert und das Notenpapier

I. Hören Sie sich bitte die Geschichte ein- oder zweimal an und entscheiden Sie anschließend, ob die folgenden Sätze richtig oder falsch sind.

		R	F
1.	Franz Schubert war ein großer deutscher Komponist.		
2.	Er hat 60 Lieder komponiert.		
3.	Obwohl Schubert sehr bekannt war, blieb er sein ganzes Leben lang sehr arm.		
4.	Um eine Aufführung der Oper „Fidelio" von Beethoven zu sehen, musste er sein Klavier verkaufen.		
5.	Schubert arbeitete an jeder Komposition sehr langsam.		
6.	Er hatte immer wieder Probleme mit dem Notenpapier.		
7.	Ein bekannter Maler, der mit Schubert befreundet war, brachte dem Komponisten eines Tages so viel Notenpapier, dass Schubert ein paar Tage ohne Sorgen komponieren konnte.		
8.	Das wertvollste Bild des Malers war das Porträt von Schubert.		

II. Hören Sie sich die Geschichte noch einmal an und beantworten Sie dann die folgenden Fragen.

Schlüsselwörter:

- der Einfall – pomysł
- die Eintrittskarte – bilet wstępu
- zögern – zwlekać

1. In welchem Jahrhundert lebte Franz Schubert?
2. Wie viele Lieder hat er komponiert?
3. Was haben Sie von Schuberts Leben gehört?
4. Warum musste er einmal seine Bücher verkaufen?
5. Womit hatte er Schwierigkeiten beim Komponieren?

Schubert und das Notenpapier

6. Wer hat den Komponisten oft besucht?
7. Auf welche Weise besorgte der Maler bei einem Besuch das Notenpapier für Schubert?
8. Warum war Schubert glücklich über das Geschenk des Malers?
9. Welche seiner Zeichnungen hielt der Maler für die wertvollste?

III. Hören Sie die Geschichte ein weiteres Mal, wobei Sie bitte die Aufnahme nach jedem Satz anhalten und den Satz nachsprechen. Versuchen Sie auch die Aussprache und die Betonung richtig nachzuahmen.

IV. Ergänzen Sie (zuerst selbstständig) die folgenden Sätze. Wenn das zu schwierig ist, suchen Sie die passenden Satzteile dafür unten aus.

1. Obwohl Schubert über 600 Lieder komponiert hat, ...
2. Einmal musste er Bücher verkaufen, ...
3. Da Schubert sehr schnell und viel komponierte, ...
4. Oft besuchte ihn sein Freund, ...
5. Der Maler nahm seinen großen Block ....
6. Schubert war glücklich ....
7. Der Maler hielt seine Notenlinien für Schubert. ....

a) der ein bekannter Maler war.
b) und zog Notenlinien.
c) für die wertvollste seiner Zeichnungen.
d) war immer wieder das Notenpapier zu Ende.
e) blieb er sein ganzes Leben lang arm.
f) über das Geschenk.
g) um eine Eintrittskarte für „Fidelio" zu bezahlen.

1	2	3	4	5	6	7

10 Schubert und das Notenpapier

V. Wie lauten die Substantive, die von folgenden Verben gebildet wurden?

1. komponieren ....
2. eintreten ....
3. einfallen ....
4. fantasieren ....
5. malen ....
6. schenken ....
7. sich sorgen ....
8. zeichnen ....

VI. Lösen Sie das Kreuzworträtsel. Wie lautet das Stichwort (7 senkrecht)?

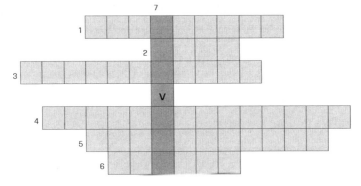

WAAGERECHT:
1. Das Gegenteil von „kaufen"
2. Auf eine bestimmte Melodie gesungenes (meist aus mehreren Strophen bestehendes) Gedicht
3. Um zu komponieren, braucht man unter anderem ....
4. Wenn man sich eine Aufführung im Theater oder in der Oper ansehen will, braucht man eine ....
5. Wenn man kein Notenpapier hat, muss man selbst .... ziehen.
6. Wenn Schubert genug Notenpapier hatte, konnte er ohne .... komponieren.

SENKRECHT:
7. ....

VII. Übersetzen Sie ins Deutsche.

1. Schubert był wielkim kompozytorem austriackim.
2. On skomponował między innymi ponad 600 pieśni, mimo to był całe życie biedny.
3. Aby opłacić bilet wstępu na operę „Fidelio" Beethovena, musiał sprzedać książki.
4. Schubert komponował bardzo szybko, dlatego również szybko kończył mu się papier nutowy.
5. Schubert był szczęśliwy z powodu prezentu, który pewnego dnia otrzymał od swojego przyjaciela.
6. Uważam ten obraz za najcenniejszy.

VIII. Erzählen Sie die Geschichte nach.

IX. Versetzen Sie sich in die Rolle des Malers, der seinen Freunden erzählt, was er eines Tages bei Schubert erlebt hat.

11 Anwesend – abwesend

Der kleine Benjamin wollte schon als Sechsjähriger etwas Besonderes sein. Einmal war er mit seiner Familie zu Besuch bei seinem Onkel Karl. Der Onkel hatte Geburtstag und es wurde gegessen, getrunken und man hat sich über vieles unterhalten.

Benjamin hörte zu und auf einmal hörte er ein Wort, das er nicht verstand: „abwesend".

„Onkel Karl, was heißt ‚abwesend'?" fragte er. Der leicht betrunkene Onkel hatte die Vorsilbe nicht richtig gehört und antwortete:

„Das bedeutet, wenn du zum Beispiel in der Schule bist und nicht schwänzt."

Benjamin merkte sich diese Erklärung.

Am nächsten Tag war die Lehrerin, die schon die meisten Schüler in der ersten Klasse kannte, krank. Die Schüler hatten eine Vertretung. Eine junge Studentin übernahm die Klasse. Das war ihr erstes Praktikum und natürlich kannte sie die Schüler nicht.

Die Studentin las die Anwesenheitsliste vor und Benjamin, der sich besonders auszeichnen wollte, sagte statt „hier": „abwesend" – so, wie er es am Tag davor von seinem Onkel gelernt hatte.
Die Studentin notierte also seine Abwesenheit.
Am nächsten Tag passierte genau das Gleiche. Schon wieder galt Benjamin als abwesend. Dies wiederholte sich die ganze Woche.
Die Lehrerin wurde wieder gesund, kam wieder in die Arbeit und war, noch bevor sie in die Klasse kam, beunruhigt, dass Benjamin so lange abwesend war. Sie suchte also in den Unterlagen nach der Telefonnummer von Benjamins Familie und rief Benjamins Mutter an, um sie über Benjamins vermeintliches Fehlen zu informieren.
Abends kam auch der Vater nach Hause und verbot seinem Sohn, sein Lieblingscomputerspiel zu spielen.
Das Missverständnis klärte sich erst am nächsten Tag.
Ab diesem Zeitpunkt wollte Benjamin das Wort „abwesend" nie wieder gebrauchen.

11

WÖRTER UND WENDUNGEN

etwas Besonderes ⇨ tu: kimś szczególnym
zu Besuch ⇨ w odwiedziny, w odwiedzinach
sich unterhalten (unterhielt, unterhalten) ⇨ rozmawiać
heißen (hieß, geheißen) ⇨ nazywać się, oznaczać
abwesend ⇨ nieobecny
zu/hören ⇨ przysłuchiwać się
auf einmal ⇨ naraz, nagle
betrunken ⇨ upity
die Vorsilbe, -n ⇨ przedrostek
bedeuten ⇨ oznaczać
schwänzen ⇨ wagarować
sich merken ⇨ zapamiętać sobie
die Erklärung, -en ⇨ wyjaśnienie
kennen (kannte, gekannt) ⇨ znać
die Vertretung, -en ⇨ zastępstwo
das Praktikum, Pl. die Praktika ⇨ praktyka
übernehmen (übernahm, übernommen) ⇨ przejmować
die Anwesenheitsliste, n ⇨ lista obecności
vor/lesen (las vor, vorgelesen) ⇨ czytać na głos

sich aus/zeichnen ⇨ wyróżniać się
statt ⇨ zamiast
am Tag davor ⇨ poprzedniego dnia
die Abwesenheit, -en ⇨ nieobecność
das Gleiche ⇨ to samo
gelten als (galt, gegolten) ⇨ uchodzić za
sich wiederholen ⇨ powtarzać się
beunruhigt ⇨ zaniepokojony
die Unterlagen (Pl.) ⇨ dokumenty
j-n an/rufen (rief an, angerufen) ⇨ dwonić do kogoś
vermeintlich ⇨ rzekomy, domniemany
das Fehlen ⇨ nieobecność, brak
verbieten (verbot, verboten) ⇨ zabraniać
das Lieblingscomputerspiel, -e ⇨ ulubiona gra komputerowa
das Missverständnis, -se ⇨ nieporozumienie
sich klären ⇨ wyjaśniać się
der Zeitpunkt, -e ⇨ moment, chwila
gebrauchen ⇨ używać

11

Anwesend – abwesend

I. Hören Sie sich bitte die Geschichte ein- oder zweimal an und entscheiden Sie, ob die folgenden Sätze richtig oder falsch sind.

		R	F
1.	Benjamin war sieben Jahre alt.		
2.	Er war ein bescheidenes (*skromny*) Kind.		
3.	Eines Tages war er zum Geburtstag seines Opas eingeladen.		
4.	Benjamin ging in die erste Klasse.		
5.	Benjamins Lehrerin war krank.		
6.	Benjamins Schulklasse hatte eine Vertretung.		
7.	Die Vertretung war eine erfahrene Lehrerin.		
8.	Benjamins Lehrerin hat seine Eltern angerufen.		
9.	Es gab ein Missverständnis.		
10.	Benjamin durfte sein Lieblingscomputerspiel nicht spielen.		

II. Hören Sie sich die Geschichte noch einmal an und antworten Sie anschließend auf die folgenden Fragen.

Schlüsselwörter:

- anwesend – obecny
- abwesend – nieobecny
- schwänzen – wagarować
- die Vertretung – zastępstwo
- das Missverständnis – nieporozumienie

1. Warum war Benjamin bei seinem Onkel?
2. Was haben die Gäste während der Geburtstagsfeier gemacht?
3. Welches Wort hat Benjamin nicht verstanden?
4. Warum hat der Onkel auf Benjamins Frage falsch geantwortet?
5. Was ist mit Benjamins Lehrerin am nächsten Tag passiert?

11 Anwesend – abwesend

6. Wer kam als Vertretung in die erste Klasse?
7. Warum dachte die Studentin, dass Benjamin nicht da war?
8. Wie lange dauerte das Missverständnis?
9. Was passierte, als die Lehrerin Benjamins Eltern anrief?
10. Welches Problem hatte Benjamin durch seine falsche Wortwahl?

III. Hören Sie die Geschichte ein weiteres Mal, wobei Sie bitte die Aufnahme nach jedem Satz anhalten und den Satz nachsprechen. Versuchen Sie auch die Aussprache und die Betonung richtig nachzumachen.

IV. Ergänzen Sie (zuerst selbstständig) die folgenden Sätze. Falls das zu schwierig ist, suchen Sie die passenden Satzteile dafür unten aus.

1. Einmal war Benjamin mit seiner Familie.............................
2. Es wurde gegessen, getrunken und ....
3. Benjamin hörte zu und ....
4. Eine junge Studentin kam..
5. Die Studentin las ....
6. Am nächsten Tag passierte..
7. Sie suchte in den Unterlagen..
8. Das Missverständnis klärte sich erst...............................

a) als Vertretung in die Klasse.
b) das Gleiche.
c) man hat sich über vieles unterhalten.
d) am nächsten Tag.
e) auf einmal hörte er ein Wort, das er nicht verstand.
f) zu Besuch bei seinem Onkel.
g) die Anwesenheitsliste vor.
h) nach der Telefonnummer von Benjamins Familie.

1	2	3	4	5	6	7	8

V. Bilden Sie zusammengesetzte Substantive mit „Lieblings..." wie im Beispiel.

das Computerspiel ➔ *Das ist mein Lieblingscomputerspiel.*

1. der Wein
   ....
2. der Kuchen
   ....
3. der Sessel
   ....
4. der Kugelschreiber
   ....
5. die Stadt
   ....
6. die Jahreszeit
   ....
7. die Arbeit
   ....
8. die Lehrerin
   ....
9. das Essen
   ....
10. das Auto
    ....
11. das Wort
    ....
12. das Buch
    ....

11
Anwesend – abwesend

13. die Socken

   ....

14. die Schuhe

   ....

15. die Freunde

   ....

16. die Gäste

   ....

VI. Ergänzen Sie die passenden Substantive.
1. Der kleine Benjamin wollte schon als Sechsjähriger etwas .... sein.
2. Einmal war er mit der Familie zu .... bei seinem Onkel.
3. Am nächsten .... wurde die Lehrerin, die schon die meisten .... in der ersten Klasse kannte, krank.
4. Die Schüler bekamen eine ....
5. Das war ihr erstes .... und natürlich kannte sie die Schüler nicht.
6. Die Studentin las die .... vor.
7. Die Studentin notierte Benjamins ....
8. Am nächsten Tag passierte genau das ....
9. Sie suchte in den Unterlagen nach der .... von Benjamins .... und rief Benjamins Mutter an.
10. Abends kam auch der Vater nach .... und verbot seinem Sohn, sein .... zu spielen.

VII. Übersetzen Sie ins Deutsche.

1. Mały Benjamin chciał już jako małe dziecko być kimś szczególnym.
2. Benjamin przysłuchiwał się i nagle usłyszał słowo, którego nie zrozumiał.
3. Wujku, co to znaczy „abwesend"?
4. To znaczy, kiedy na przykład jesteś w szkole i nie wagarujesz.
5. Benjamin zapamiętał sobie to wyjaśnienie.
6. Uczniowie mieli zastępstwo.
7. Studentka odczytała listę obecności.
8. Cały tydzień powtarzało się dokładnie to samo.
9. Ojciec wrócił później do domu.
10. Zabronił synowi zagrać w jego ulubioną grę komputerową.
11. Sytuacja wyjaśniła się dopiero następnego dnia.

VIII. Erzählen Sie die Geschichte nach.

IX. Versetzen Sie sich in die Rolle von Benjamin, der 10 Jahre später seinem besten Freund diese Geschichte erzählt.

12 Der Verbrecher

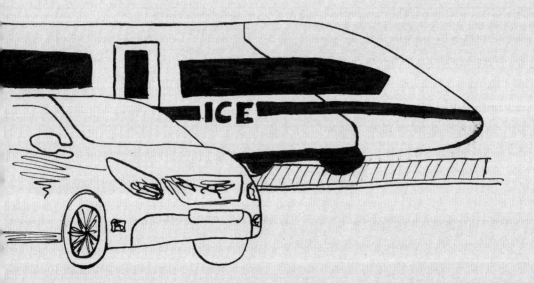

Im D-Zug nach Mannheim werden die Fahrkarten kontrolliert. Ein Herr sucht aufgeregt in allen Taschen nach seiner Fahrkarte. Endlich findet er sie und sagt:
„Gott sei Dank, da hätte ich schöne Unannehmlichkeiten gehabt!"
„Das ist nicht so schlimm", meint ein anderer Herr, „ich bin schon mehr als zwanzigmal ohne Fahrkarte nach Mannheim gefahren!"
Der Schaffner hat dies gehört, schaut sich den Herrn genau an und meldet den Vorgang nach Mannheim. Als der Zug dort einläuft, stehen zwei Polizeibeamte am Bahnhof; der Mann wird verhaftet und abgeführt. Strenges Verhör: „Sie haben

12

behauptet, mehr als zwanzigmal ohne Fahrkarte nach Mannheim gefahren zu sein?"
„Jawohl!"
„Sie wussten, dass dies eine strafbare Handlung ist?"
„Nein, das habe ich nicht gewusst!"
„So, so, das haben Sie nicht gewusst. Der Richter wird Ihnen das schon erklären. Wie ist es denn überhaupt möglich, dass Sie ohne Fahrkarte bis Mannheim gekommen sind?"
„Ich bin mit dem Auto gefahren."

WÖRTER UND WENDUNGEN

der Verbrecher, - ⇨ przestępca, zbrodniarz
die Fahrkarte, -n ⇨ bilet
aufgeregt ⇨ zdenerwowany
die Tasche, -n ⇨ kieszeń
endlich ⇨ wreszcie
Gott sei Dank! ⇨ Dzięki Bogu!
die Unannehmlichkeit, -en ⇨ nieprzyjemność
schlimm ⇨ źle
meinen ⇨ sądzić, mniemać
der Schaffner, - ⇨ konduktor
sich (D) j-n/etw. an/schauen ⇨ obejrzeć kogoś/coś
melden ⇨ (za)meldować
der Vorgang, ⸚e ⇨ tu: zajście

ein/laufen (lief ein, eingelaufen s.) ⇨ wjeżdżać (np. na dworzec)
der Polizeibeamte, -n ⇨ policjant
verhaften ⇨ (za)aresztować
ab/führen ⇨ odprowadzić
streng ⇨ surowy, ostry
das Verhör ⇨ przesłuchanie
behaupten ⇨ twierdzić
Jawohl! ⇨ Tak jest!
strafbar ⇨ karalny
die Handlung, -en ⇨ działalność, czyn
der Richter, - ⇨ sędzia
überhaupt ⇨ w ogóle

12 Der Verbrecher

I. Hören Sie sich bitte die Geschichte ein- oder zweimal an und entscheiden Sie anschließend, ob die folgenden Sätze richtig oder falsch sind.

		R	F
1.	Im D-Zug nach Mannheim wurden die Führerscheine kontrolliert.		
2.	Ein Herr konnte seine Fahrkarte leider nicht finden und hatte deshalb große Unannehmlichkeiten (*nieprzyjemności*).		
3.	Ein anderer Fahrgast sagte, dass er schon mehr als zwanzigmal ohne Fahrkarte nach Mannheim gefahren sei.		
4.	Zum Glück hat das der Schaffner nicht gehört.		
5.	Als der Zug am Bahnhof in Mannheim angekommen war, wurde der „Schwarzfahrer" von zwei Polizisten verhaftet und abgeführt.		
6.	Während des Verhörs hat er bestätigt, dass er mehr als zwanzigmal ohne Fahrkarte nach Mannheim gefahren ist.		
7.	Auf die Frage, warum er so oft ohne Fahrkarte bis Mannheim gekommen sei, antwortete er, dass er mit dem Auto gefahren sei.		

II. Hören Sie sich die Geschichte noch einmal an und beantworten Sie dann die folgenden Fragen.

Schlüsselwörter:

- der Verbrecher – przestępca
- die Unannehmlichkeit – nieprzyjemność
- der Vorgang – tu: zajście
- verhaften – aresztować

1. Wo werden die Fahrkarten kontrolliert?
2. Wo hat ein Herr nach seiner Fahrkarte gesucht?
3. Hat er sie endlich gefunden?

4. Wie reagierte ein anderer Mann auf das lange Suchen seines Nachbarn und was sagte er?
5. Wie verhielt sich (*zachowywał się*) der Schaffner?
6. Was passierte, als der Zug in Mannheim angekommen war?
7. Hat der andere Mann während des Verhörs bestätigt, dass er mehr als zwanzigmal ohne Fahrkarte gefahren ist?
8. Wie war es möglich, ohne Fahrkarte bis Mannheim zu fahren?

III. Hören Sie die Geschichte ein weiteres Mal, wobei Sie bitte die Aufnahme nach jedem Satz anhalten und den Satz nachsprechen. Achten Sie dabei auf die richtige Aussprache und die Betonung.

IV. Formulieren Sie die Sätze anders, ohne den Inhalt zu verändern.
1. Im D-Zug nach Mannheim kontrolliert man die Fahrkarten.
   ....
2. Man verhaftet den Mann und führt ihn ab.
   ....
3. Sie haben behauptet, dass Sie mehr als zwanzigmal ohne Fahrkarte nach Mannheim gefahren sind?
   ....

12 Der Verbrecher

V. Verbinden Sie einen Satzteil der ersten Gruppe mit einem passenden Satzteil der zweiten Gruppe.

1. Ein Herr sucht aufgeregt
2. Ich bin schon mehr als zwanzigmal
3. Sie haben behauptet, dass Sie
4. Sie wussten nicht, dass das Schwarzfahren

a) mehr als zwanzigmal ohne Fahrkarte gefahren sind?
b) eine strafbare Handlung ist?
c) nach seiner Fahrkarte.
d) ohne Fahrkarte nach Mannheim gefahren.

1	2	3	4

VI. Übersetzen Sie ins Deutsche.

1. Niech pan poszuka swojego biletu we wszystkich kieszeniach.
2. Bilety są sprawdzane przez konduktora.
3. Pasażer, który powiedział, że ponad dwadzieścia razy jeździł do Mannheim bez biletu, został aresztowany.
4. Twierdzi pan w dalszym ciągu, że pan tak często jeździł bez biletu?
5. Nie wiedziałem, że jest to czyn karalny.
6. Sędzia panu wszystko wyjaśni.
7. Czy w ogóle jest możliwe jeździć bez biletu?

12 Der Verbrecher

13 Mitgeholfen

Friedrich der Große ging einst an einem späten Nachmittag in seinem Potsdamer Schloss durch den Empfangssaal. Niemand sonst war in dem Saal, nur ein Handwerker, der sich bemühte, auf einer Leiter zur Wanduhr zu gelangen. Die Leiter wollte aber auf dem glatten Boden nicht recht stehen bleiben und rutschte hin und her. Für den praktischen Sinn des Königs war dies ganz klar. Er fragte den Handwerker, was er da mache.

Unbefangen erwiderte dieser: „Ich bin der Hofuhrmacher und soll die Uhr reparieren. Eben will ich sie abnehmen, aber die Leiter hält hier auf dem glatten Boden nicht."

Der König befahl dem Handwerker hinaufzusteigen; er werde die Leiter halten. Dies geschah auch, und der Uhrmacher hat schnell die Uhr heruntergeholt, nahm sie unter den einen Arm, die Leiter unter den anderen und verneigte sich dankend; darauf entfernte er sich.

Friedrich der Große folgte ihm und freute sich, jemandem einen Gefallen getan zu haben.

Am anderen Morgen erhielt der König die schriftliche Mitteilung, dass aus dem Empfangssaal die Uhr

13

gestohlen worden war. Dem König ging augenblicklich ein Licht auf; er hatte, wie er nun überzeugt war, einem Dieb die Leiter gehalten. Der komische Vorfall belustigte ihn so sehr, dass er an den Rand schrieb: „Laufen lassen! Habe selbst die Leiter gehalten, also mitgestohlen."

WÖRTER UND WENDUNGEN

mit/helfen (half mit, mitgeholfen) ⇨ wspomagać kogoś
einst ⇨ niegdyś, kiedyś
das Schloss, ⸚er ⇨ pałac
der Empfangssaal ⇨ sala, w której odbywały się przyjęcia
niemand sonst ⇨ nikt poza tym
der Handwerker, - ⇨ rzemieślnik
sich bemühen ⇨ starać się
die Leiter, -n ⇨ drabina
die Wanduhr, -en ⇨ zegar ścienny
gelangen s. ⇨ dotrzeć, dostać się
glatt ⇨ gładki
der Boden, ⸚ ⇨ tu: podłoga
hin und her rutschen ⇨ ślizgać się
der Sinn ⇨ zmysł, sens
der König, -e ⇨ król
unbefangen ⇨ całkiem naturalnie, bez zakłopotania
erwidern ⇨ odrzec
der Hofuhrmacher, - ⇨ nadworny zegarmistrz
eben ⇨ właśnie, akurat
ab/nehmen (nahm ab, abgenommen) ⇨ tu: zdjąć
befehlen (befahl, befohlen) ⇨ rozkazywać

hinauf/steigen (stieg hinauf, hinaufgestiegen s.) ⇨ wchodzić (wspinać się) na górę
halten (hielt, gehalten) ⇨ trzymać
geschehen (geschah, geschehen s.) ⇨ stać/wydarzyć się
herunter/holen ⇨ znieść na dół
der Arm, -e ⇨ ramię, pacha
sich verneigen ⇨ skłonić/ukłonić się
darauf ⇨ tu: potem
sich entfernen ⇨ oddalić się
j-m folgen ⇨ iść za kimś
j-m einen Gefallen tun ⇨ wyświadczyć komuś przysługę
erhalten (erhielt, erhalten) ⇨ otrzymać
die Mitteilung, -en ⇨ doniesienie, informacja
stehlen (stahl, gestohlen) ⇨ (u)kraść
Dem König ging augenblicklich ein Licht auf. ⇨ Król momentalnie pojął.
überzeugt ⇨ przekonany
der Dieb, -e ⇨ złodziej
der Vorfall, ⸚e ⇨ zajście, zdarzenie
j-n belustigen ⇨ rozweselić kogoś
an den Rand schreiben ⇨ napisać na marginesie
Laufen lassen! ⇨ tu: Nie ścigać!

13 Mitgeholfen

I. Hören Sie sich bitte die Geschichte ein- oder zweimal an und entscheiden Sie anschließend, ob die folgenden Sätze richtig oder falsch sind.

		R	F
1.	Eines späten Nachmittags befanden sich im Potsdamer Schloss nur zwei Personen: Friedrich der Große und ein „Handwerker".		
2.	Der König wollte die Wanduhr herunterholen.		
3.	Der „Handwerker" sagte dem König, dass er der Hofuhrmacher sei und die Uhr reparieren solle.		
4.	Da der Boden glatt war, hielt der Mann dem König die Leiter.		
5.	Dann nahm Friedrich der Große die Uhr unter den Arm und entfernte sich.		
6.	Es hat sich erwiesen, dass der König nicht dem Uhrmacher, sondern einem Dieb geholfen hatte.		
7.	Da der König Sinn für Humor hatte, ließ er den Dieb laufen, ohne nach ihm fahnden zu lassen (*kazać ścigać*).		

II. Hören Sie sich die Geschichte noch einmal an und beantworten Sie dann die folgenden Fragen.

Schlüsselwörter:
- der Handwerker – rzemieślnik
- die Leiter – drabina
- j-m einen Gefallen tun – wyświadczyć komuś przysługę
- stehlen – kraść

1. Was machte Friedrich der Große an einem späten Nachmittag?
2. Wen hat er im Empfangssaal getroffen?
3. Was wollte der „Handwerker" machen?
4. Warum wollte der König dem „Uhrmacher" helfen?
5. Was machte der Mann mit der Wanduhr?

6. Warum war der König zufrieden?
7. Welche Information erhielt der König am anderen Morgen?
8. Was hat sich erwiesen?
9. Warum hat der König den Dieb laufen lassen?

III. Hören Sie die Geschichte ein weiteres Mal, wobei Sie bitte die Aufnahme nach jedem Satz anhalten und den Satz nachsprechen. Achten Sie dabei auf die richtige Aussprache und die Betonung.

IV. Ergänzen Sie (zuerst selbstständig) die folgenden Sätze. Wenn das zu schwierig ist, suchen Sie die passenden Satzteile dafür unten aus.

1.	Der Handwerker bemühte sich, auf einer Leiter
2.	Die Leiter wollte auf dem glatten Boden nicht recht stehen bleiben
3.	„Ich bin der Hofuhrmacher
4.	Der König befahl dem Mann
5.	Friedrich der Große freute sich,
6.	Der König sagte: „Laufen lassen! Habe selbst die Leiter gehalten,

a)	jemandem einen Gefallen getan zu haben.
b)	und soll die Uhr reparieren."
c)	also mitgestohlen."
d)	und rutschte hin und her.
e)	zur Wanduhr zu gelangen.
f)	hinaufzusteigen.

1	2	3	4	5	6

13 Mitgeholfen

V. Formulieren Sie die kursiv gesetzten Satzteile um (mit Hilfe von Ausdrücken aus dem Text). (Proszę sformułować inaczej wyrażenia napisane kursywą, wykorzystując odpowiednie wyrażenia z tekstu).

1. Der Mann *war darum bemüht*, auf einer Leiter zur Wanduhr zu gelangen.
   ....
2. Der König freute sich, *dass er jemandem einen Gefallen getan hatte*.
   ....
3. Am anderen Morgen *bekam* der König eine schriftliche *Meldung*, dass *man* aus dem Empfangssaal die Uhr *gestohlen hatte*.
   ....
4. Dem König *wurde augenblicklich klar*, dass er einem Dieb die Leiter gehalten hatte.
   ....
5. *Das* komische *Ereignis amüsierte* den König so sehr, dass er den Dieb laufen ließ.
   ....

VI. Wie lautet die richtige Form der Verben in den Klammern?

1. Der Handwerker .... (sich bemühen), auf einer Leiter zur Wanduhr zu gelangen.
2. Der König .... (befehlen) dem Handwerker .... (hinaufsteigen).
3. Dies .... (geschehen) auch, und der Uhrmacher hat schnell die Uhr .... (herunterholen).
4. Der König freute sich, jemandem einen Gefallen .... (tun).
5. Aus dem Empfangssaal ist die Uhr .... (stehlen).
6. Der König schrieb an den Rand der Mitteilung: „Laufen lassen! Habe selbst die Leiter .... (halten), also .... (mitstehlen)."

VII. Übersetzen Sie ins Deutsche.

1. Rzemieślnik usiłował dotrzeć po drabinie do zegara ściennego.
2. Drabina ślizgała się na gładkiej podłodze.
3. Król rozkazał „zegarmistrzowi" zdjąć zegar ze ściany.
4. Nieznany mężczyzna wziął zegar pod pachę i oddalił się.
5. Fryderyk Wielki ucieszył się, że mógł komuś wyświadczyć przysługę.
6. Okazało się, że król przytrzymywał drabinę złodziejowi.
7. To zajście tak rozbawiło króla, że nie kazał ścigać złodzieja, ponieważ sam współuczestniczył w kradzieży.

VIII. Erzählen Sie die Geschichte nach.

IX. Versetzen Sie sich in die Rolle des Königs bzw. des Diebes und erzählen Sie dann von dem lustigen Vorfall im Potsdamer Schloss.

14 Das Oktoberfest

Das Oktoberfest (auch „Die Wiesn" genannt) ist das größte Volksfest der Welt und findet seit 1810 auf der Theresienwiese in München statt. Am 12. Oktober 1810 heiratete Prinz Ludwig Prinzessin Therese. Für die Feierlichkeiten wurde ein Platz außerhalb der Stadt ausgesucht und ein Pferderennen veranstaltet. Die Wiese bekam zu Ehren der Braut den Namen „Theresienwiese".

Im Laufe der Zeit wurde das Oktoberfest immer größer und länger und dauert seit einiger Zeit 16 bis 18 Tage. Entgegen den Erwartungen wird nur das letzte Wochenende des Oktoberfests tatsächlich im Oktober veranstaltet. Da es im Oktober in Bayern manchmal schneit und stürmt, wurde das Fest auf September verlegt. Deswegen nennen viele Münchner dieses berühmte Fest scherzhaft „Septoberfest".

Zum Oktoberfest werden jedes Jahr Bierzelte aufgebaut – vierzehn große und fünfzehn kleinere. In den Zelten können Besucher Bier, Brezeln oder Brathendl (= gebratene Hähnchen) bestellen. Es darf dabei nur Münchner Traditionsbier verkauft werden, aber nicht unter einem Liter. Die Preise sind extrem hoch: Für eine Maß (= 1 Liter) bezahlt man über 10 Euro. Trotz der jährlichen Preiserhöhung steigt der Bierkonsum von Jahr zu Jahr.

Das Oktoberfest wird jährlich von ca. 6 Millionen Menschen aus dem In- und Ausland besucht.

14

Durchschnittlich werden 60 Tausend Hektoliter Bier getrunken und 500 Tausend Brathähnchen sowie 25 Tonnen Fisch gegessen.

Die meisten Besucher des Oktoberfests kommen in traditionellen Kleidern – Männer in Lederhosen und Frauen in einem Dirndl. Ein Dirndl ist ein Kleid, dessen Schleife den Beziehungsstand der Frau verrät: Trägt sie ihre Schleife auf der rechten Seite, signalisiert sie, dass sie liiert ist. Sieht man die Schleife auf ihrer linken Seite, ist sie in keiner Beziehung. Schleifen, die hinten am Kleid gebunden sind, werden nur von Witwen und Kellnerinnen getragen und junge Mädchen tragen die Schleife vorn.

(Alle Informationen zum Oktoberfest finden Sie auf www.oktoberfest.de)

WÖRTER UND WENDUNGEN

das Volksfest, -e ⇨ festyn
die Feierlichkeit, -en ⇨ uroczystość
außerhalb G ⇨ poza
aus/suchen ⇨ wyszukiwać
das Pferderennen, - ⇨ wyścig konny
veranstalten ⇨ organizować
die Wiese, -n ⇨ łąka
zu Ehren G ⇨ na cześć
die Braut, ⸗e ⇨ panna młoda
im Laufe der Zeit ⇨ z biegiem czasu

entgegen den Erwartungen ⇨ wbrew oczekiwaniom
es stürmt ⇨ szaleje wichura
verlegen ⇨ tu: przekładać
scherzhaft ⇨ żartobliwy
das Bierzelt, -e ⇨ namiot piwny
auf/bauen ⇨ montować
die Preiserhöhung, -en ⇨ podwyżka cen
sich aus/wirken auf A ⇨ wpływać na coś

durchschnittlich ⇨ przeciętnie
die Lederhose, -n ⇨ skórzane spodnie
die Schleife, -n ⇨ kokarda
der Stand ⇨ stan
verraten ⇨ zdradzać (np. tajemnicę)
liiert ⇨ w związku lub mężatka
die Beziehung, -en ⇨ związek
in einer Beziehung ⇨ w stałym związku
binden (band, gebunden) ⇨ wiązać
die Witwe, -n ⇨ wdowa

14 Das Oktoberfest

I. Hören Sie sich bitte die Geschichte ein- oder zweimal an und entscheiden Sie, ob die folgenden Sätze richtig oder falsch sind.

		R	F
1.	Das Oktoberfest wird auch „Die Wiesn" genannt.		
2.	Es findet seit 1800 in München statt.		
3.	Prinz Ludwig und Prinzessin Therese heirateten in München.		
4.	Das Oktoberfest dauert eine Woche.		
5.	Beim Oktoberfest kann man Bier aus der ganzen Welt bekommen.		
6.	Das Bier auf dem Oktoberfest ist nicht besonders teuer.		
7.	Auf dem Oktoberfest kann man auch Brathähnchen essen.		
8.	Jedes Jahr kommen zum Oktoberfest rund 4 Millionen Besucher.		

II. Hören Sie sich die Geschichte noch einmal an und antworten Sie anschließend auf die folgenden Fragen.

Schlüsselwörter:
- veranstalten – (z)organizować
- das Brathähnchen – kurczak pieczony
- das Dirndl – ludowa sukienka bawarska
- die Schleife – kokarda

1. Wie wird das Oktoberfest noch genannt?
2. Seit wann findet das Oktoberfest statt?
3. Aus welchem Grund fand das Fest zum ersten Mal statt?
4. Wie lange dauert das Oktoberfest heutzutage?
5. Warum wurde der Anfang vom Fest auf September verlegt?
6. Was trinkt und isst man auf dem Oktoberfest?

7. Wie viele Menschen besuchen das Fest jedes Jahr?
8. Welche speziellen Kleider tragen viele Besucher?

III. Hören Sie die Geschichte ein weiteres Mal, wobei Sie bitte die Aufnahme nach jedem Satz anhalten und den Satz nachsprechen. Versuchen Sie auch die Aussprache und die Betonung richtig nachzumachen.

IV. Ergänzen Sie (zuerst selbstständig) die folgenden Sätze. Falls das zu schwierig ist, wählen Sie die passenden Satzteile dafür unten aus.

1. Das Oktoberfest ist ....
2. Am 12. Oktober 1810 heiratete ....
3. Die Wiese bekam zu Ehren ....
4. Im Laufe der Zeit wurde das Oktoberfest immer ....
5. Da es im Oktober in Bayern manchmal schneit und stürmt, ...
6. Zum Oktoberfest werden jedes Jahr ....
7. In den Bierzelten können Besucher ....
8. Durchschnittlich werden 60 Tausend Hektoliter ....

a) größer und länger.
b) das größte Volksfest der Welt.
c) wurde das Fest auf September verlegt.
d) Bierzelte aufgebaut.
e) Bier getrunken.
f) Prinz Ludwig Prinzessin Therese.
g) Bier, Brezeln oder Brathendl bestellen.
h) der Braut den Namen „Theresienwiese".

1	2	3	4	5	6	7	8

14 Das Oktoberfest

V. Welches Verb passt dazu?

aufbauen, aussuchen, bekommen, bestellen, binden, stattfinden, tragen, veranstalten, verkaufen, verlegen

1. auf der Theresienwiese ....
2. einen Platz außerhalb der Stadt ....
3. ein Pferderennen ....
4. zu Ehren der Braut einen Namen ....
5. auf September ....
6. Bierzelte ....
7. Bier und Brezeln ....
8. Münchner Traditionsbier ....
9. ein Dirndl oder eine Lederhose ....
10. die Schleife auf der rechten Seite ....

VI. Formulieren Sie die Sätze um wie im Beispiel.

Beispiel:
- Man besucht das Oktoberfest sehr gern.
- Das Oktoberfest *wird* sehr gern *besucht*.

1. Man feiert die Hochzeit von Prinz Ludwig und Prinzessin Therese.
   ....
2. Man organisiert ein Pferderennen.
   ....
3. Man nennt das Oktoberfest auch „die Wiesn".
   ....
4. Man trinkt dort kühles Bier.
   ....

5. Man isst dort Brathähnchen und Brezeln.
   ....
6. Man verkauft dort auch gegrillten Fisch.
   ....
7. Man trägt dort oft traditionelle Kleider.
   ....
8. Man bindet die Schleife links oder rechts.
   ....

VII. Übersetzen Sie ins Deutsche.
1. Oktoberfest jest największym festynem w Niemczech.
2. Ten festyn nazywany jest też „die Wiesn".
3. W październiku 1810 roku książę Ludwig poślubił księżną Therese.
4. Od 1810 roku Oktoberfest stawał się coraz większy i dłuższy.
5. Wbrew oczekiwaniom Oktoberfest nie odbywa się tylko w październiku.
6. W namiotach piwnych można zamawiać piwo, precle i pieczone kurczaki.
7. Tam można kupić tylko tradycyjne monachijskie piwo.
8. Wielu odwiedzających nosi tradycyjne stroje.

VIII. Versetzen Sie sich in die Rolle eines Besuchers des Fests und erzählen Sie, was Sie dort gesehen und erlebt haben.

15 | Pedro als Weihnachtsgeschenk

Vor Weihnachten herrscht in der großen Tierhandlung in der Frankfurter Straße in Offenbach immer Hochbetrieb. Man verkauft dort Goldhamster, kleine Hunde und viele seltene Vögel.
An einem Freitagnachmittag beobachtete der Besitzer aufmerksam und zufrieden die zahlreichen Kunden. Da bemerkte er einen jungen Mann, der sich im Geschäft umsah und immer wieder den Kopf schüttelte.
„Kann ich Ihnen helfen?"
„Ich suche etwas Besonderes. Ich dachte an einen exotischen Vogel. Der Preis spielt keine Rolle, aber es muss etwas sein, was nicht jeder hat."
„Sie suchen also ein exotisches Geschenk?"
„Ja, für eine Dame."
„Eine jüngere oder eine ältere?"
„Eine ältere, meine Tante. Sie kann sich alles leisten, und es ist sehr schwer, etwas zu finden, was ihr Freude macht."

15

Der Tierhändler wusste sofort, was für den jungen Mann interessant sein könnte.

„Ich glaube, ich habe genau das, was Sie suchen. Etwas sehr Interessantes. Einen Vogel vom Amazonas, einen echten ..." Und jetzt folgte ein sehr langer lateinischer Name. „Seine Klugheit ist einmalig! Der berühmte Professor Meisel hat ihn selbst dressiert. Ihre Tante wird von dem Vogel bestimmt begeistert sein. Er spricht Englisch, Französisch, Spanisch, Deutsch und sogar Esperanto! Und das ist noch nicht alles, er singt auch! Klassische Arien, Volkslieder und bekannte Schlager, wenn er sie nur einmal gehört hat."

Schnell war der Kunde zum Kauf entschlossen.

„Das ist das Richtige. Meine Tante hat eine Schwäche für Exotisches, und der Vogel wird ihr bestimmt gefallen. Hier ist ihre Adresse. Bitte bringen Sie Pedro (so hieß der Vogel) am Heiligen Abend dorthin!"

Kurz nach Weihnachten rief der Neffe seine Tante an.

„Nun, liebe Tante, was sagst du zu dem Vogel? Habe ich deinen Geschmack getroffen?", fragte er sie gespannt.

„Hmm, das hast du, mein lieber Karl, einfach prachtvoll: Er hat köstlich geschmeckt!"

15

WÖRTER UND WENDUNGEN

Weihnachten (Pl.) ⇨ Boże Narodzenie
herrschen ⇨ panować
die Tierhandlung, -en ⇨ sklep zoologiczny
(der) Hochbetrieb ⇨ duży ruch
der Hamster, - ⇨ chomik
der Hund, -e ⇨ pies
der Vogel, ⸗ ⇨ ptak
beobachten ⇨ obserwować
der Besitzer, - ⇨ właściciel
aufmerksam ⇨ uważnie
der Kunde, -n ⇨ klient
das Geschäft, -e ⇨ sklep
sich um/sehen (sah um, umgesehen) ⇨ rozglądać się
den Kopf schütteln ⇨ kręcić/potrząsać głową
exotisch ⇨ egzotyczny
der Preis, -e ⇨ cena
sich (D) etwas leisten können ⇨ móc sobie na coś pozwolić
der Tierhändler, - ⇨ sprzedawca zwierząt

der Amazonas ⇨ Amazonka
echt ⇨ prawdziwy
lateinisch ⇨ łaciński
die Klugheit ⇨ mądrość
einmalig ⇨ niepowtarzalny
dressieren ⇨ tresować
begeistert sein (von) ⇨ być zachwyconym (czymś)
singen (sang, gesungen) ⇨ śpiewać
das Volkslied, -er ⇨ piosenka ludowa
der Schlager, - ⇨ szlagier
entschlossen (zu) ⇨ zdecydowany (na)
die Schwäche, -n ⇨ słabość
gefallen (gefiel, gefallen) ⇨ podobać się
der Heilige Abend ⇨ wigilia Bożego Narodzenia
der Neffe, -n ⇨ siostrzeniec, bratanek
den Geschmack treffen ⇨ utrafić w gust
gespannt sein ⇨ być ciekawym/w napięciu
einfach prachtvoll ⇨ po prostu wspaniały/pyszny
köstlich schmecken ⇨ wyśmienicie/wybornie smakować

Pedro als Weihnachtsgeschenk

I. Hören Sie sich bitte die Geschichte ein- oder zweimal an und entscheiden Sie anschließend, ob die folgenden Sätze richtig oder falsch sind.

		R	F
1.	In der Tierhandlung verkauft man Pferde, Elefanten und viele seltene Vögel.		
2.	An einem Freitagnachmittag vor Weihnachten waren im Geschäft besonders viele Kunden.		
3.	Unter den vielen Kunden war auch ein älterer Mann, der ein exotisches Geschenk suchte.		
4.	Der junge Mann wollte für seine Tante einen exotischen Vogel kaufen.		
5.	Der Vogel vom Amazonas sprach viele Sprachen und konnte sogar singen.		
6.	Der junge Mann kaufte den Vogel und brachte ihn am Heiligen Abend zu seiner Tante.		
7.	Die Tante war mit dem Vogel sehr zufrieden, weil er so schön singen konnte.		

II. Hören Sie sich die Geschichte noch einmal an und antworten Sie dann auf die folgenden Fragen.

Schlüsselwörter:
- (der) Hochbetrieb – duży ruch
- der Hamster – chomik
- der Heilige Abend – wigilia Bożego Narodzenia

1. Was kann man in der Tierhandlung kaufen?
2. Warum fiel dem Besitzer der Tierhandlung ein junger Mann auf?
3. Was suchte der junge Mann und für wen?
4. Was zeugt von der einmaligen Klugheit des Vogels vom Amazonas?
5. Wann und von wem sollte der Vogel an die gegebene Adresse gebracht werden?

15 — Pedro als Weihnachtsgeschenk

6. Wann und warum rief der Neffe seine Tante an?
7. Was hat die Tante geantwortet?

III. Hören Sie die Geschichte ein weiteres Mal, wobei Sie bitte die Aufnahme nach jedem Satz anhalten und den Satz nachsprechen. Achten Sie dabei auf die richtige Aussprache und die Betonung.

IV. Ergänzen Sie (zuerst selbstständig) die folgenden Sätze. Wenn das zu schwierig ist, suchen Sie die passenden Satzteile dafür unten aus.

1.	Vor Weihnachten herrscht in der Tierhandlung
2.	Der Besitzer beobachtete aufmerksam
3.	Ein junger Mann sah sich im Geschäft um
4.	Es ist schwer, für meine Tante etwas zu finden,
5.	Nach der ausführlichen Beschreibung des Vogels

a)	was ihr Freude macht.
b)	war der Kunde schnell zum Kauf entschlossen.
c)	die zahlreichen Kunden.
d)	und schüttelte immer wieder den Kopf.
e)	immer Hochbetrieb.

1	2	3	4	5

V. Ergänzen Sie die Adjektivendungen.

1. In der groß……….. Tierhandlung in der Frankfurt……….. Straße herrscht immer Hochbetrieb.
2. Man verkauft dort unter anderem klein……….. Hunde und viele selten……….. Vögel.
3. Der Besitzer des groß……….. Geschäftes beobachtete aufmerksam und zufrieden die zahlreich……….. Kunden.

4. Unter den viel........... Kunden befand sich auch ein jung........... Mann, der etwas Besonder........... suchte.
5. Am liebsten wollte er einen exotisch........... Vogel kaufen.
6. Der Besitzer fragte den jung........... Mann: „Sie suchen also ein exotisch........... Geschenk?"
7. „Ja", antwortete der jung........... Mann, „für eine älter........... Dame".
8. „Ihre Tante wird von dem exotisch........... Vogel bestimmt begeistert sein. Dieser selten........... Vogel kann klassisch........... Arien und alle bekannt........... Schlager singen, wenn er sie nur einmal gehört hat."
9. „Ich glaube, das ist das Richtig...........", sagte der Kunde, „meine Tante hat eine groß........... Schwäche für Exotisch........... ."

VI. Übersetzen Sie ins Deutsche.
1. W tym sklepie panuje zawsze duży ruch.
2. Pewien młody mężczyzna rozglądał się po sklepie i wciąż kręcił głową.
3. Cena nie gra żadnej roli, ponieważ moja ciotka może sobie na wszystko pozwolić.
4. Trudno jest znaleźć coś, co jej sprawia przyjemność.
5. Pańska ciotka będzie z pewnością zachwycona tym prezentem.
6. Klient szybko się zdecydował na zakup tego egzotycznego ptaka.
7. Niedługo po Bożym Narodzeniu siostrzeniec zadzwonił do swojej ciotki i zapytał ją, czy tym prezentem utrafił w jej gust.

VII. Erzählen Sie die Geschichte nach.

VIII. Erzählen Sie die Geschichte nach aus der Sicht des jungen Mannes.

16 Das Wiener Neujahrskonzert

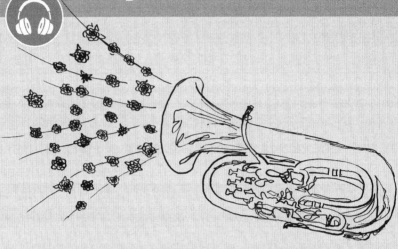

Das berühmte Neujahrskonzert findet seit 1939 jedes Jahr in Wien statt. Das Konzert der Wiener Philharmoniker wird seit 1959 nicht nur im Radio, sondern auch in über 90 Ländern im Fernsehen übertragen. Dadurch sehen sich jährlich mehr als 50 Millionen Zuschauer das Konzert an.

Dieses bekannteste Neujahrskonzert der Welt ist vor allem den Werken der Strauss-Dynastie (Johann Vater & Sohn, Josef und Eduard) gewidmet und findet im Großen Musikvereinssaal in Wien statt. Dieser Konzertsaal bietet 2.000 Musikliebhabern aus aller Welt Platz und wird aus diesem Anlass mit rund 30.000 Blumen dekoriert.

Das Programm des Konzerts folgt einem ganz bestimmten Ritual. Nach den beiden Hauptteilen folgen drei Zugaben. Die zweite Zugabe ist immer der Walzer „An der schönen blauen Donau" von Johann Strauss (Sohn). Die abschließende dritte Zugabe ist traditionell der „Radetzky-Marsch" von Johann Strauss (Vater). Bei diesem Marsch klatscht das Publikum im Takt. Die Aufnahmen der Konzerte sind immer auf Platz Eins der österreichischen Album-Charts zu finden.

Einer der berühmtesten Dirigenten des Wiener Neujahrskonzerts war Herbert von Karajan.

Eine Eintrittskarte für das Neujahrskonzert kostet zwischen 35 und 1.090 Euro. Da es immer sehr schwierig war, Eintrittskarten für das Konzert zu bekommen, werden sie über die Webseite der Wiener Philharmoniker verlost. Die Verlosung findet bereits im Februar für das darauffolgende Konzert statt. Die einzige Möglichkeit, eine Karte zu kaufen, ist die Teilnahme an der offiziellen Verlosung. Es ist also immer noch schwierig eine Karte zu bekommen, aber zumindest haben jetzt Musikbegeisterte aus aller Welt die gleiche Chance auf ein begehrtes Ticket.

WÖRTER UND WENDUNGEN

übertragen (übertrug, übertragen) ⇨ tu: transmitować
der Zuschauer, - ⇨ tu: telewidz
das Werk, -e ⇨ dzieło
widmen ⇨ poświęcać
aus diesem Anlass ⇨ z tej okazji
die Zugabe, -n ⇨ tu: bis
abschließend ⇨ końcowy

klatschen ⇨ klaskać
die Aufnahme, -n ⇨ tu: nagranie
verlosen ⇨ rozlosować
darauffolgend ⇨ następujący po tym
die Teilnahme ⇨ uczestnictwo
zumindest ⇨ przynajmniej
begehrt ⇨ pożądany, popularny

16 Das Wiener Neujahrskonzert

I. Hören Sie sich bitte den Text ein- oder zweimal an und entscheiden Sie, ob die folgenden Sätze richtig oder falsch sind.

		R	F
1.	Das Wiener Neujahrskonzert findet seit 1959 statt.		
2.	Es wird in fast 90 Ländern im Fernsehen übertragen.		
3.	In diesem Konzert werden nur Werke der Strauss-Dynastie gespielt.		
4.	2.000 Zuschauer sehen sich das Konzert vor Ort an.		
5.	Der Konzertsaal wird mit ca. 30.000 Blumen dekoriert.		
6.	Die Aufnahmen der Konzerte sind sehr begehrt.		
7.	Eine Eintrittskarte für das Konzert kostet 1.090 Euro.		

II. Hören Sie sich den Text noch einmal an und antworten Sie anschließend auf die folgenden Fragen.

Schlüsselwörter:
- stattfinden – odbywać się
- übertragen – transmitować
- das Werk – dzieło
- die Verlosung – losowanie

1. Seit wann finden die Wiener Neujahrskonzerte statt?
2. Wie viele Menschen sehen sich jährlich das Konzert an?
3. Wessen Werke werden vor allem gespielt?
4. Wo findet das Neujahrskonzert statt?
5. Wie wird der Konzertsaal dekoriert?
6. Wie kann man eine Eintrittskarte für das Neujahrskonzert kaufen?
7. Wie viel kostet eine Eintrittskarte?

16 Das Wiener Neujahrskonzert

III. Hören Sie den Text ein weiteres Mal, wobei Sie bitte die Aufnahme nach jedem Satz anhalten und den Satz nachsprechen. Versuchen Sie auch die Aussprache und die Betonung richtig nachzumachen.

IV. Ergänzen Sie (zuerst selbstständig) die folgenden Sätze. Falls das zu schwierig ist, wählen Sie die passenden Satzteile dafür unten aus.

1. Das berühmte Neujahrskonzert findet ....
2. Dadurch sehen sich jährlich mehr ....
3. Dieses bekannteste Neujahrskonzert der Welt ist vor allem ....
4. Das Programm des Konzerts folgt ....
5. Nach den beiden Hauptteilen ....
6. Bei diesem Marsch ....
7. Die Verlosung findet bereits im Februar ....
8. Die einzige Möglichkeit, eine Karte zu kaufen ....

a) den Werken der Strauss-Dynastie gewidmet.
b) einem ganz bestimmten Ritual.
c) seit 1939 jedes Jahr in Wien statt.
d) ist die Teilnahme an der offiziellen Verlosung.
e) für das darauffolgende Konzert statt.
f) klatscht das Publikum im Takt.
g) als 50 Millionen Zuschauer das Konzert an.
h) folgen drei Zugaben.

1	2	3	4	5	6	7	8

16 Das Wiener Neujahrskonzert

V. Bilden Sie Sätze im Passiv. Fangen Sie mit dem ersten Wort an.

1. das Konzert – über 90 Länder – übertragen – in
2. jedes Konzert – als – mehr – von – ansehen – 50 Millionen Zuschauer
3. der Konzertsaal – viele Blumen – mit – dekorieren
4. das Konzert – der Strauss-Dynastie – widmen – die Werke
5. der Walzer „An der schönen blauen Donau" – spielen – berühmte – immer
6. es – klatschen – bei – der Marsch
7. die Aufnahmen – die Konzerte – verkaufen
8. die Eintrittskarten – verlosen

VI. Ergänzen Sie die Nomen.

Aufnahme, Eintrittskarte, Fernsehen, Hauptteil, Marsch, Möglichkeit, Platz, Publikum, Programm, Ritual, Teilnahme, Verlosung, Walzer, Zugabe, Zuschauer

Das berühmte Neujahrskonzert findet seit 1939 jedes Jahr in Wien statt. Das Konzert der Wiener Philharmoniker wird seit 1959 nicht nur im Radio, sondern auch in über 90 Ländern im .... übertragen. Dadurch sehen sich jährlich mehr als 50 Millionen .... das Konzert an.

Das .... des Konzerts folgt einem ganz bestimmten .... Nach den beiden .... folgen drei .... Die zweite Zugabe ist immer der .... „An der schönen blauen Donau" von Johann Strauss (Sohn). Die abschließende dritte Zugabe ist traditionell der „Radetzky-Marsch" von Johann Strauss (Vater). Bei diesem .... klatscht das .... im Takt. Die .... der Konzerte sind immer auf .... Eins der österreichischen Album-Charts zu finden.

Das Wiener Neujahrskonzert

Eine .... für das Neujahrskonzert kostet zwischen 35 und 1.090 Euro. Da es immer sehr schwierig war, Eintrittskarten für dieses Konzert zu bekommen, werden sie über die Webseite der Wiener Philharmoniker verlost. Die .... findet bereits im Februar für das darauffolgende Konzert statt. Die einzige ...., eine Karte zu kaufen, ist die .... an der offiziellen Verlosung.

VII. Übersetzen Sie ins Deutsche.
1. Ten słynny koncert odbywa się zawsze 1 stycznia w Wiedniu.
2. Koncert jest transmitowany do wielu krajów.
3. Koncert Wiedeńskich Filharmoników jest najbardziej znanym koncertem noworocznym na świecie.
4. Sala koncertowa jest z tej okazji udekorowana wieloma kwiatami.
5. Na drugi bis jest zawsze grany najsłynniejszy walc Johanna Straussa (syna).
6. Bilety na koncert noworoczny są bardzo drogie.
7. Aby mieć możliwość kupienia biletu, trzeba wziąć udział w losowaniu.

VIII. Erzählen Sie über das Neujahrskonzert der Wiener Philharmoniker.

IX. Versetzen Sie sich in die Rolle von jemandem, der gerade zwei Eintrittskarten bei der Verlosung gewonnen hat. Er ruft seine Freundin an und möchte sie zu diesem Konzert einladen.

17 Die Reklame

Es war Samstagvormittag und viele Leute machten ihre Einkäufe im Kaufhaus. Unter ihnen befand sich auch Peter Fuchs, ein junger Mann, der ein paar Sachen zu kaufen hatte.
Nachdem er im Untergeschoss Lebensmittel gekauft hatte, fuhr er in den dritten Stock, um sich ein Paar schwarze Schuhe zu kaufen. Dort angekommen, ging er an vielen Regalen vorbei. Plötzlich blieb er stehen. Lag da nicht einige Schritte vor ihm ein Zwei-Euro-Stück auf dem Boden?
Als er sich dem Geldstück nähern wollte, bemerkte er neben einem Tisch einen Mann, der wohl auch auf das Geld schaute. Langsam ging Peter ein Stück zurück und näherte sich dem Geldstück von der anderen Seite. „Hoffentlich befindet sich

das Geld noch dort", dachte er. Er hatte Glück. Das Geld lag wirklich noch auf dem Boden. „Jetzt darf ich keinen Augenblick länger warten", sagte er sich. Schnell machte er ein paar Schritte und stellte dann seinen Fuß auf das Geldstück. Er schaute sich noch einmal um, bückte sich und wollte das Geld aufheben. Aber es ging nicht. Es war wie an den Boden gewachsen. In diesem Augenblick fühlte er eine Hand auf seiner Schulter. Vor ihm stand der Mann, der vorhin am Tisch gewartet hatte.
„Darf ich Ihnen unseren neuen Klebstoff anbieten?", sagte er jetzt zu Peter. „Sie sehen ja, wie gut er ist. Eine Tube kostet einen Euro, drei Stück nur 2,50 Euro."
Mit diesen Worten schrieb er auch schon den Kassenzettel und packte die Tuben ein. Peter kaufte also drei Tuben, bezahlte sie an der Kasse und verließ das Kaufhaus so schnell wie möglich. An diesem Tag wollte er keine Einkäufe mehr machen.
„Was soll ich bloß mit drei Tuben Klebstoff machen?", fragte er sich auf dem Weg nach Hause.

17

WÖRTER UND WENDUNGEN

Einkäufe machen ⇨ robić zakupy
das Kaufhaus, ⸗er ⇨ dom towarowy
unter ihnen ⇨ wśród nich
sich befinden (befand, befunden) ⇨ znajdować się
die Sache, -n ⇨ rzecz
nachdem ⇨ po tym jak, skoro
das Untergeschoss ⇨ piętro podziemne
Lebensmittel (Pl.) ⇨ artykuły/środki spożywcze
der Stock (Pl. die Stockwerke) ⇨ piętro
der Schuh, -e ⇨ but
dort angekommen ⇨ przybywszy tam
vorbei/gehen (ging vorbei, vorbeigegangen s.) (an D) ⇨ przechodzić (obok)
plötzlich ⇨ nagle
stehen bleiben (blieb stehen, stehen geblieben s.) ⇨ zatrzymać się
der Schritt, -e ⇨ krok
das Zwei-Euro-Stück ⇨ moneta 2 euro

sich nähern (D) ⇨ zbliżyć się (do)
wohl ⇨ chyba
schauen (auf A) ⇨ patrzeć (na)
hoffentlich ⇨ mam nadzieję, że
der Fuß, ⸗e ⇨ stopa
sich um/schauen ⇨ rozejrzeć się
sich bücken ⇨ schylić się
auf/heben (hob auf, aufgehoben) ⇨ podnieść
wie an den Boden gewachsen ⇨ jak przyrośnięty do ziemi
fühlen ⇨ poczuć
die Schulter, -n ⇨ bark, ramię
vorhin ⇨ przedtem
der Klebstoff, -e ⇨ klej
an/bieten (bot an, angeboten) ⇨ zaoferować
der Kassenzettel, - ⇨ paragon
ein/packen ⇨ zapakować
verlassen (verließ, verlassen) ⇨ opuścić
bloß ⇨ tylko

17 Die Reklame

I. Hören Sie sich bitte die Geschichte ein- oder zweimal an und entscheiden Sie anschließend, ob die folgenden Sätze richtig oder falsch sind.

	R	F
1. Peter Fuchs ging ins Kaufhaus, um Lebensmittel und ein Paar Schuhe zu kaufen.		
2. Im dritten Stock fand er ein Zwei-Euro-Stück und kaufte sich dafür drei Tuben Klebstoff.		
3. Eine Tube Klebstoff kostete einen Euro, drei Stück nur 2,50 Euro.		
4. Peter kaufte noch Schuhe und verließ das Kaufhaus so schnell wie möglich, weil er im dritten Stock einen Bekannten sah, mit dem er nichts zu tun haben wollte.		
5. Unterwegs fragte er sich, was er mit drei Tuben Klebstoff machen sollte.		

II. Hören Sie sich die Geschichte noch einmal an und beantworten Sie dann die folgenden Fragen.

Schlüsselwörter:
- das Untergeschoss – podziemie
- sich bücken – schylić się
- auf/heben – podnieść
- der Klebstoff – klej

1. Wozu ging Peter Fuchs ins Kaufhaus?
2. Warum blieb er im dritten Stock plötzlich stehen?
3. Wer war außer Peter an dem Zwei-Euro-Stück interessiert?
4. Wozu entschloss sich Peter?
5. Was passierte, als er das Geld aufheben wollte?
6. Was glauben Sie, war der Klebstoff gut? Warum?
7. Hat Peter den Klebstoff gekauft?
8. Warum war er mit dem Kauf nicht zufrieden?

Die Reklame

III. Hören Sie die Geschichte ein weiteres Mal, wobei Sie bitte die Aufnahme nach jedem Satz anhalten und den Satz nachsprechen. Achten Sie dabei auf die richtige Aussprache und die Betonung.

IV. Was gehört zusammen?

1.	Er fuhr in den dritten Stock, ...
2.	Er näherte sich dem Geldstück ....
3.	Er wollte das Geld aufheben, ...
4.	Plötzlich stand vor ihm ein Mann, ...
5.	Peter bezahlte den Klebstoff an der Kasse ....
6.	Auf dem Weg nach Hause fragte er sich, ...

a)	was er mit drei Tuben Klebstoff machen kann.
b)	und verließ das Kaufhaus so schnell wie möglich.
c)	aber es war wie am Boden festgeklebt.
d)	der vorhin am Tisch gewartet hatte.
e)	um sich ein Paar Schuhe zu kaufen.
f)	und stellte seinen Fuß darauf.

1	2	3	4	5	6

V. Wie lauten die richtigen Formen der Wörter in den Klammern?

1. Peter Fuchs hatte im Kaufhaus ein paar Sachen .... (kaufen).
2. Er fuhr in den .... (drei) Stock, um sich ein Paar Schuhe .... (kaufen).
3. Er ging an .... (viele Regale) vorbei.
4. Plötzlich .... (bleiben) er stehen.
5. Als er sich .... (das Geldstück) nähern wollte, be-

merkte er einen Mann, der auch auf das Geld .... (schauen).
6. Das Geld .... (liegen) noch auf .... (der Boden).
7. Schnell machte er ein paar .... (Schritt) und stellte seinen Fuß auf .... (das Geldstück).
8. Das Geldstück war wie an den Boden .... (wachsen).
9. .... (dürfen) ich .... (Sie) unseren .... (neu) Klebstoff anbieten?
10. Was soll ich bloß mit .... (drei Tuben) Klebstoff machen?

VI. Übersetzen Sie ins Deutsche.
1. Dzisiaj po południu muszę zrobić zakupy w domu towarowym.
2. Wśród wielu klientów znajdował się również pewien młody mężczyzna, który chciał sobie kupić czarne buty.
3. Nagle zauważyłem pewnego mężczyznę, który również patrzył na monetę 2 euro.
4. On postawił swoją stopę na monecie.
5. Schyliłem się i chciałem podnieść monetę, ale to było niemożliwe.
6. Czy mogę panu zaoferować nasz nowy klej?
7. Cóż ja mam zrobić z trzema tubami kleju?

VII. Versetzen Sie sich in die Rolle von Peter Fuchs und erzählen Sie Ihrem Kollegen, was für ein Abenteuer (*przygoda*) Sie im Kaufhaus erlebt haben.

18 Technik

Ende des 19. Jahrhunderts lebte in Nürnberg ein Kaufmann namens Bitterfeld. Er hatte mit einem kleinen Geschäft angefangen und war damit reich geworden. Zwei seiner Söhne konnte er sogar studieren lassen. Der eine studierte in Berlin. Von dort erreichte den Kaufmann eines Tages ein Brief folgenden Inhalts:

„Lieber Vater! Ich habe mich soeben verlobt und möchte schon im nächsten Monat heiraten. Zu meiner Hochzeit lade ich Dich herzlich ein. Dein Sohn Philipp."

Der alte Bitterfeld freute sich sehr über diese Einladung, zögerte aber auch ein wenig mit der Antwort. Ihm wurde bewusst, dass er in seinem ganzen Leben noch nie aus Nürnberg herausgekommen und noch nie mit der Eisenbahn gefahren war. In seiner Jugend hatte es noch keine Eisenbahn gegeben.

18

Als er dann später sein Geschäft hatte, kamen die Reisenden zu ihm. Er hatte es nicht nötig, mit dem Zug zu fahren. Und jetzt sollte er – den 70. Geburtstag hatte er schon gefeiert – gleich bis nach Berlin fahren! Er überlegte lange und sagte schließlich zu.
Schnell waren alle Vorbereitungen getroffen, der Koffer war gepackt, die Fahrkarte gekauft. Es ging alles gut. Das D-Zug-Fahren machte dem alten Bitterfeld großen Spaß. Er plauderte mit den anderen Fahrgästen, öffnete auf jeder Station das Fenster und schaute hinaus. Alles war interessant.
Nun liegt auf etwa halber Strecke zwischen Nürnberg und Berlin eine Station, die heißt Bitterfeld. Der Zug hält auf dieser Station, der Schaffner läuft den Zug entlang und ruft: „Bitterfeld – aussteigen!" – „Sehr höflich ist man hier", denkt Bitterfeld. Er nimmt seinen Koffer und steigt aus. Schon setzt sich der Zug wieder in Bewegung.
Bitterfeld bleibt auf dem Bahnsteig zurück und schaut sich um. Da fährt auch schon auf der anderen Seite des Bahnsteigs der Gegenzug Berlin-Nürnberg ein. Der Zug hält, wieder läuft der Schaffner eilig vorbei und ruft: „Bitterfeld – einsteigen!"
„Alles höfliche Leute", denkt Bitterfeld, steigt ein, legt seinen Koffer ins Gepäcknetz und setzt sich. Bitterfeld ist zufrieden, weil alles so gut klappt.

18

Mit einem Reisenden, der ihm gegenüber sitzt, versucht er, ein Gespräch anzufangen.
„Nun, wohin fahren Sie?", ist seine erste Frage.
„Nach Nürnberg", bekommt er zur Antwort.
Bitterfeld schlägt vor Erstaunen die Hände zusammen: „Sie fahren nach Nürnberg? Und ich fahre nach Berlin? In demselben Zug, in demselben Abteil? Wunderbar, das nenne ich Technik!"

WÖRTER UND WENDUNGEN

namens ⇨ o nazwisku
an/fangen (fing an, angefangen) ⇨ rozpoczynać
erreichen ⇨ osiągać, tu: nadejść (do)
der Inhalt, -e ⇨ treść
soeben ⇨ dopiero co
sich verloben ⇨ zaręczyć się
heiraten ⇨ tu: ożenić się
die Hochzeit, -en ⇨ wesele
ein/laden (lud ein, eingeladen) (zu) ⇨ zapraszać (na)
sich freuen (über A) ⇨ cieszyć się (z)
zögern ⇨ zwlekać
j-m bewusst werden ⇨ uświadomić sobie
heraus/kommen (kam heraus, herausgekommen s.) ⇨ tu: wyjeżdżać
die Eisenbahn, -en ⇨ kolej żelazna
die Jugend ⇨ młodość
es nicht nötig haben ⇨ nie mieć potrzeby
feiern ⇨ świętować, obchodzić
etw. überlegen ⇨ zastanawiać się nad czymś
zu/sagen ⇨ przyrzec, zgodzić się
Vorbereitungen treffen ⇨ poczynić przygotowania

j-m Spaß machen ⇨ sprawiać komuś przyjemność/radość
plaudern ⇨ gawędzić, rozprawiać
der Fahrgast, ⸗e ⇨ pasażer
hinaus/schauen ⇨ wyglądać
die Strecke, -n ⇨ odcinek, trasa
der Schaffner, - ⇨ konduktor
höflich ⇨ uprzejmy
sich in Bewegung setzen ⇨ ruszać (z miejsca)
der Bahnsteig, -e ⇨ peron
sich um/schauen ⇨ rozglądać się
ein/fahren (fuhr ein, eingefahren s.) ⇨ wjeżdżać (na peron)
der Gegenzug ⇨ pociąg jadący w przeciwną stronę
das Gepäcknetz ⇨ półka (siatka) na bagaż
sich setzen ⇨ siadać
klappen ⇨ iść sprawnie, pasować
gegenüber (D) ⇨ naprzeciwko
versuchen ⇨ próbować
die Hände vor Erstaunen zusammen/schlagen ⇨ zacierać ze zdumienia ręce
das Abteil, -e ⇨ przedział
nennen (nannte, genannt) ⇨ nazywać

Technik

I. Hören Sie sich bitte die Geschichte ein- oder zweimal an und entscheiden Sie anschließend, ob die folgenden Sätze richtig oder falsch sind.

		R	F
1.	Ein Kaufmann namens Bitterfeld ist dank einem kleinen Geschäft reich geworden.		
2.	Einer seiner Söhne, der in Nürnberg studierte, lud ihn per Brief zu seiner Verlobung ein.		
3.	Der Kaufmann konnte der Einladung nicht folgen, weil er große Angst vor dem Zugfahren hatte.		
4.	Zwischen Nürnberg und Berlin liegt eine Station, die genauso heißt wie der Kaufmann selbst, nämlich Bitterfeld.		
5.	Die Zugfahrt nach Berlin gefiel dem Kaufmann, weil alles sehr interessant war und die Schaffner ganz besonders höflich und hilfsbereit waren.		
6.	Die Schaffner waren schuld daran, dass Kaufmann Bitterfeld schneller nach Nürnberg zurückkehrte, als er dachte.		
7.	Der Kaufmann blieb nur zwei Tage in Berlin, weil er in Nürnberg viel zu tun hatte.		

II. Hören Sie sich die Geschichte noch einmal an und beantworten Sie dann die folgenden Fragen.

Schlüsselwörter:

- die Hochzeit – wesele
- zögern – zwlekać, ociągać się
- der Schaffner – konduktor
- das Abteil – przedział

1. Wo lebte der Kaufmann und wodurch wurde er reich?
2. Was bekam er eines Tages aus Berlin und was stand darin?
3. Warum überlegte der Kaufmann ziemlich lange, bevor er sich entschloss, nach Berlin zu fahren?

18 Technik

4. Warum war er früher nie mit der Eisenbahn gefahren?
5. Was machte er während der Zugfahrt?
6. Warum ist der Kaufmann in Bitterfeld ausgestiegen und nach einem kurzen Aufenthalt auf dem Bahnsteig in den Gegenzug eingestiegen?
7. Worüber unterhielt sich Bitterfeld mit einem Reisenden im Abteil?
8. Warum war er so begeistert von der Technik?

III. Hören Sie die Geschichte ein weiteres Mal, wobei Sie bitte die Aufnahme nach jedem Satz anhalten und den Satz nachsprechen. Achten Sie dabei auf die richtige Aussprache und die Betonung.

IV. Was gehört zusammen? Bilden Sie anschließend mit den entstandenen Ausdrücken eigene Sätze.

1. reich
2. mit der Eisenbahn
3. es nötig
4. Vorbereitungen
5. j-m großen Spaß
6. sich in Bewegung
7. zufrieden

a) treffen
b) sein
c) setzen
d) werden
e) machen
f) fahren
g) haben

1	2	3	4	5	6	7

Technik 18

V. Formulieren Sie die kursiv gesetzten Satzteile um. (Wie kann man auch anders sagen?)

1. Ende des 19. Jahrhunderts lebte in Nürnberg ein Kaufmann, *der Bitterfeld hieß*.
   ....
   ....

2. Er konnte *es sich leisten, dass seine Söhne studierten*.
   ....
   ....

3. Der alte Bitterfeld *war mit der Einladung sehr zufrieden*.
   ....
   ....

4. Er ist noch nie mit *dem Zug* gefahren.
   ....
   ....

5. Schnell *war alles vorbereitet* und die Fahrkarte *gelöst*.
   ....
   ....

6. Das D-Zug-Fahren *gefiel* dem alten Bitterfeld *sehr*.
   ....
   ....

7. Der Zug *fährt los*.
   ....
   ....

8. Er *setzt sich*.
   ....
   ....

9. Bitterfeld ist zufrieden, weil alles so gut *verläuft, wie es geplant war*.
   ....

10. Bitterfeld *reibt sich* vor Erstaunen die Hände.
....
....

VI. Schreiben Sie die fehlenden Wörter in die Lücken.
1. Der Kaufmann hatte zuerst mit einem kleinen .... angefangen und war damit reich ....
2. Der .... des Kaufmanns hatte sich soeben verlobt und wollte schon im nächsten Monat ....
3. Zu seiner .... hat er natürlich auch seinen Vater eingeladen.
4. Der alte Bitterfeld freute sich selbstverständlich sehr über diese ...., zögerte aber auch ein wenig mit der ....
5. In seiner Jugend hatte es noch keine Eisenbahn ....
6. Schnell waren alle .... getroffen, der Koffer war ...., die .... gekauft.
7. Das D-Zug-Fahren machte dem alten Bitterfeld großen ....
8. Der .... lief den Zug entlang und rief: „Bitterfeld aussteigen!"
9. Mit einem ...., der ihm gegenüber saß, versuchte er, ein .... anzufangen.
10. „Sie fahren .... Nürnberg? Und ich fahre nach Berlin? In demselben Zug, in demselben ....?"

VII. Übersetzen Sie ins Deutsche.
1. Pewien kupiec o nazwisku Bitterfeld szybko się wzbogacił.
2. Chciałbym cię zaprosić na moje wesele.

3. On ucieszył się z tego zaproszenia.
4. W jego młodości nie było jeszcze kolei żelaznej.
5. On nie miał potrzeby jeździć pociągiem.
6. Szybko poczyniono wszelkie przygotowania.
7. Jazda pociągiem sprawia mi dużo przyjemności.
8. Kupiec był bardzo zadowolony, ponieważ wszystko przebiegało zgodnie z planem.

VIII. Erzählen Sie die Geschichte nach.

19 Mercedes – woher der Name?

Mercedes-Benz gilt heute als eine der weltweit erfolgreichsten Automobilmarken. Die technische Perfektion, die Qualitätsstandards und die Innovationskraft sind einzigartig. Am 22. Dezember 1900 produzierte die Daimler-Motoren-Gesellschaft das erste Modell, den Mercedes 35 PS. Durch seine innovative Konstruktion gilt dieses Mercedes-Modell als erstes modernes Automobil überhaupt.

Doch woher kommt der Markenname Mercedes? Der österreichische Geschäftsmann Emil Jellinek (1853–1918) liebte Autos und Autorennen. Er kaufte sich sein erstes Daimler-Automobil und war so begeistert davon, dass er die Fahrzeuge ab 1898 in Nizza an reiche Aristokratie verkaufte – beispielsweise an die Familie von Rothschild. Nizza war um das Jahr 1900 einer der wichtigsten Treffpunkte der feinen Gesellschaft Europas.

In dieser Umgebung wuchs auch Jellineks Lieblingstochter auf, die den spanischen Vornamen Mercédès bekam. Sie lebte von 1889 bis 1929.

Emil Jellinek nutzte bald den Vornamen seiner Tochter als sein eigenes Pseudonym bei vielen Autorennen, an denen er als „Monsieur Mercedes" mit leistungsstarken Fahrzeugen von Daimler teilnahm.

Bei der Rennwoche in Nizza im März 1901 feierte der Wagen vier Siege und fünf zweite Plätze und deklassierte damit die Konkurrenz. Paul Meyan, der Generalsekretär des Automobilclubs von Frankreich, verkündete daraufhin: „Wir sind in die Ära Mercedes eingetreten."

Im Jahr 1901 wurde der Vorname der jungen Frau als Marke der Daimler-Motoren-Gesellschaft (DMG) weltberühmt. Ein Jahr später ließ die Daimler-Motoren-Gesellschaft „Mercedes" als geschützte Marke registrieren.

Emil Jellinek erhielt im Jahr 1903 schließlich die Erlaubnis, sich Jellinek-Mercedes zu nennen. „Wohl zum ersten Mal trägt der Vater den Namen seiner Tochter", kommentierte er.

WÖRTER UND WENDUNGEN

gelten als ⇨ uchodzić za
einzigartig ⇨ jedyny w swoim rodzaju
überhaupt ⇨ w ogóle
begeistert sein von ⇨ być czymś zachwyconym
das Fahrzeug, -e ⇨ pojazd
beispielsweise ⇨ przykładowo
feine Gesellschaft ⇨ tu: wyższe sfery, wykwintne towarzystwo

die Umgebung, -en ⇨ okolica
auf/wachsen (wuchs auf, aufgewachsen s.) ⇨ dorastać
leistungsstark ⇨ wydajny
teil/nehmen (nahm teil, teilgenommen) an D ⇨ brać w czymś udział
die Rennwoche ⇨ tydzień wyścigów
feiern ⇨ świętować
der Sieg, -e ⇨ zwycięstwo

er verkündete daraufhin ⇨ ogłosił po tym
ein/treten (trat ein, eingetreten s.) in A ⇨ wstępować w
weltberühmt ⇨ słynny na całym świecie
geschützte Marke ⇨ znak chroniony
erhalten (erhielt, erhalten) ⇨ otrzymywać
die Erlaubnis, -se ⇨ pozwolenie

19 Mercedes – woher der Name?

I. Hören Sie sich bitte die Geschichte ein- oder zweimal an und entscheiden Sie, ob die folgenden Sätze richtig oder falsch sind.

		R	F
1.	Die Daimler-Motoren-Gesellschaft produzierte 1900 ihr erstes Erfolgsmodell.		
2.	Emil Jellinek war Franzose.		
3.	Er liebte Autos und Autorennen.		
4.	Jellinek lebte mit seinen Kindern in Nizza.		
5.	Seine Tochter Mercédès nahm an Autorennen teil.		
6.	Sie gewann viele Autorennen.		
7.	Im Jahr 1901 wurde der Markenname „Mercedes" weltberühmt.		
8.	Emil Jellinek durfte sich Jellinek-Mercedes nennen.		

II. Hören Sie sich die Geschichte noch einmal an und antworten Sie anschließend auf die folgenden Fragen.

Schlüsselwörter:
- erfolgreich – pełen sukcesu
- begeistert sein (von) – być czymś zachwyconym
- der Markenname – nazwa towaru
- das Fahrzeug – pojazd

1. Wann wurde das erste berühmte Modell von Mercedes produziert?
2. Warum interessierte sich Emil Jellinek für die Autos der Daimler-Motoren-Gesellschaft?
3. Wo lebte er und was machte er dort?
4. Wer war Mercédès Jellinek?
5. Warum wurde der Vorname Mercédès so berühmt?
6. Warum wollte ihr Vater Emil Jellinek-Mercedes heißen?

Mercedes – woher der Name?

III. Hören Sie die Geschichte ein weiteres Mal, wobei Sie bitte die Aufnahme nach jedem Satz anhalten und den Satz nachsprechen. Versuchen Sie auch die Aussprache und die Betonung richtig nachzumachen.

IV. Ergänzen Sie (zuerst selbstständig) die folgenden Sätze. Falls das zu schwierig ist, wählen Sie die passenden Satzteile dafür unten aus.

1. Mercedes-Benz gilt heute als...
2. Am 22. Dezember 1900 produzierte die ....
3. In dieser Umgebung wuchs auch ....
4. Jellinek nutzte bald den Vornamen seiner Tochter als................
5. Im Jahr 1901 wurde der Vorname der jungen Frau als................
6. Ein Jahr später ließ die DMG „Mercedes"..............................
7. Emil Jellinek erhielt im Jahr 1903 schließlich die Erlaubnis,..........
8. Wohl zum ersten Mal trägt der Vater....................................

a) Jellineks Lieblingstochter auf.
b) sein eigenes Pseudonym für viele Autorennen.
c) Marke der DMG weltberühmt.
d) als geschützte Marke registrieren.
e) sich Jellinek-Mercedes zu nennen.
f) den Namen seiner Tochter.
g) eine der weltweit erfolgreichsten Automobilmarken.
h) Daimler-Motoren-Gesellschaft das erste Modell, den Mercedes 35 PS.

1	2	3	4	5	6	7	8

19 Mercedes – woher der Name?

V. Bilden Sie Sätze wie im Beispiel.

Beispiel:
- der Elefant – groß – Tier
- → *Der Elefant gilt* (jest uważany) *als ein großes Tier.*

1. Italien – Urlaubsziel – angenehm
2. Mercedes – Automarke – gut
3. Rosen – Blumen – schön
4. Caracas – Stadt – gefährlich
5. die Antilope – Tier – schnell
6. die Schweiz – Land – reich
7. Cola – Getränk – ungesund
8. Chinesisch – Sprache – schwer
9. Bienen – Tiere – fleißig
10. ein Porsche – Auto – teuer

VI. Ordnen Sie die Ereignisse in die korrekte zeitliche Folge.

	Mercédès Jellinek wird geboren.	
	Emil Jellinek darf sich Jellinek-Mercedes nennen.	
	Emil Jellinek gewinnt viele Autorennen als „Monsieur Mercedes".	
	Mercédès Jellinek stirbt.	
	Die DMG produziert den Mercedes 35 PS.	
	Die DMG lässt den Markennamen Mercedes patentieren.	
1.	Emil Jellinek wird geboren.	1853
	Emil Jellinek stirbt.	
	Paul Meyan verkündet: „Wir sind in die Ära Mercedes eingetreten."	

Mercedes – woher der Name?

VII. Übersetzen Sie ins Deutsche.

1. Techniczna doskonałość Mercedesa jest jedyna w swoim rodzaju.
2. Skąd pochodzi znana nazwa marki Mercedes?
3. Emil Jellinek był zachwycony samochodami i wyścigami samochodowymi.
4. Mercédès Jellinek dorastała w Nicei, we Francji.
5. Emil Jellinek wykorzystywał imię swojej ulubionej córki jako własny pseudonim w wyścigach samochodowych.
6. Paul Meyan powiedział w 1901 roku: „Wkroczyliśmy w erę Mercedesa".

VIII. Versetzen Sie sich in die Rolle von Emil Jellinek, der auf einer Party 1903 in Wien erzählt, dass er sich nun endlich Jellinek-Mercedes nennen darf und wie es dazu kam.

PS

Mercédès Jellinek heiratete im Februar 1909, im Alter von 19 Jahren, den österreichischen Adligen Karl Freiherr von Schlosser und gebar zwei Kinder. 1926 trennte sich das Ehepaar, Mercédès heiratete den Bildhauer Rudolf Baron von Weigl. Eine zweite Ehe war zu damaliger Zeit ein Skandal. Sie starb jung, am 23. Februar 1929 im Alter von nur 39 Jahren, und wurde auf dem Wiener Zentralfriedhof beerdigt.

gebären (gebar, geboren) ⇨ rodzić
sich trennen ⇨ rozstawać się
die Ehe, -n ⇨ małżeństwo
zu damaliger Zeit ⇨ w tamtych czasach
sterben (starb, gestorben s.) ⇨ umierać
der Friedhof, ⸚e ⇨ cmentarz
beerdigen ⇨ pochować

20 Mitten in der Nacht

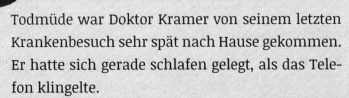

Todmüde war Doktor Kramer von seinem letzten Krankenbesuch sehr spät nach Hause gekommen. Er hatte sich gerade schlafen gelegt, als das Telefon klingelte.

Herr Forster bat den Arzt, gleich zu ihm zu kommen. Doktor Kramer war wütend, denn es war schon das vierte Mal in dieser Woche, dass ihn Herr Forster mitten in der Nacht zu sich kommen ließ. Aber er fuhr trotzdem zu dem Patienten. Verärgert fragte Doktor Kramer: „Nanu, wo fehlt's uns denn heute wieder?"

„Das weiß ich eben nicht", antwortete Herr Forster, „aber ich hatte heute keinen Appetit. Den ganzen Tag fühlte ich mich nicht wohl. Jetzt kann ich nicht schlafen, weil ich immer wieder an meine Krankheit denken muss."

„Machen Sie Ihren Oberkörper frei! So, atmen Sie tief ein und aus! Husten Sie bitte!", sagte der Arzt und schaute Herrn Forster noch in den Hals. „Jetzt wollen wir noch das Fieber messen."

20

Nach einer gründlichen Untersuchung wandte sich der Arzt schließlich ganz ernst an seinen Patienten: „Lassen Sie sofort Ihre Kinder und Ihre nächsten Verwandten kommen! Noch in dieser Nacht!"

„Ist es so schlimm, Herr Doktor?", fragte Herr Forster vor Angst zitternd. Er ließ gleich seine beiden Söhne, seine Tochter, seine drei Brüder und seine zwei Schwestern rufen. Kraftlos fiel er dann ins Bett zurück und sah den Arzt voller Angst an: „Herr Doktor! Gibt es keine Hilfe mehr?"

„Aber wieso?", erwiderte der Arzt mit unverändert ernstem Gesicht. „Ich wollte nur nicht der einzige Esel sein, den Sie heute mitten in der Nacht und ohne jeden Grund aus dem Bett geholt haben!

WÖRTER UND WENDUNGEN

- **mitten** ⇨ w środku
- **todmüde** ⇨ śmiertelnie/bardzo zmęczony
- **der Krankenbesuch, -e** ⇨ wizyta u chorego
- **klingeln** ⇨ dzwonić
- **wütend** ⇨ wściekły
- **verärgert** ⇨ rozgniewany, opryskliwy
- **Wo fehlt's denn?** ⇨ Gdzie dolega?
- **eben** ⇨ właśnie
- **immer wieder** ⇨ wciąż
- **den Oberkörper frei/machen** ⇨ rozebrać się do połowy
- **ein/atmen** ⇨ wdychać, nabrać powietrza
- **aus/atmen** ⇨ wydychać powietrze
- **husten** ⇨ kaszleć
- **der Hals** ⇨ gardło, szyja
- **das Fieber messen** ⇨ (z)mierzyć gorączkę
- **sich wenden (wandte, gewandt) (an A)** ⇨ zwrócić się (do)
- **ernst** ⇨ poważnie
- **Lassen Sie .... kommen!** ⇨ Proszę kazać przyjść ....
- **der Verwandte, -n** ⇨ krewny
- **schlimm** ⇨ źle
- **vor Angst zitternd** ⇨ trzęsąc się ze strachu
- **kraftlos** ⇨ bezsilnie
- **erwidern** ⇨ odrzec
- **das Gesicht, -er** ⇨ twarz
- **einzig** ⇨ jedyny
- **der Esel, -** ⇨ osioł
- **ohne jeden Grund** ⇨ bez jakiegokolwiek powodu
- **aus dem Bett holen** ⇨ wyciągnąć z łóżka

20 Mitten in der Nacht

I. Hören Sie sich bitte die Geschichte ein- oder zweimal an und entscheiden Sie anschließend, ob die folgenden Sätze richtig oder falsch sind.

		R	F
1.	Doktor Kramer war sehr spät aus dem Theater nach Hause gekommen.		
2.	Als er schon im Bett war, wurde er telefonisch zu Herrn Forster gerufen.		
3.	Es war nicht das erste Mal, dass Herr Forster den Doktor mitten in der Nacht zu sich kommen ließ.		
4.	Deshalb hat der Arzt zu Herrn Forster gesagt, dass er am frühen Morgen zu ihm kommt.		
5.	Als der Arzt Herrn Forster untersuchte, sagte er zu ihm: „Sie müssen sofort operiert werden!"		
6.	Der Arzt ließ sofort (mitten in der Nacht!) die Kinder und die nächsten Verwandten von Herrn Forster kommen.		
7.	Vor Angst zitternd, fragte der Kranke den Doktor, ob es wirklich so schlimm sei und ob es keine Hilfe mehr gebe.		
8.	Es hat sich zum Schluss erwiesen, dass Herr Forster keinen ernsten Grund hatte, den Doktor mitten in der Nacht aus dem Bett zu holen.		

II. Hören Sie sich die Geschichte nochmals an und beantworten Sie dann die folgenden Fragen.

Schlüsselwörter:

- wütend – wściekły
- der Verwandte – krewny
- der Esel – osioł

1. Von wo kam Doktor Kramer sehr spät nach Hause?
2. Wann klingelte das Telefon?
3. Warum war Doktor Kramer wütend?
4. Ist der Arzt wirklich mitten in der Nacht zu dem Patienten gefahren?

Mitten in der Nacht

20

5. Von welchen Symptomen sprach der Patient?
6. Wie sah die Untersuchung aus?
7. Was ließ Doktor Kramer Herrn Forster nach der Untersuchung machen?
8. Wie reagierte der Patient auf den energischen Befehl des Arztes?
9. Warum hat der Doktor alle Kinder und Verwandten des Patienten mitten in der Nacht rufen lassen?

III. Hören Sie sich die Geschichte ein weiteres Mal an, wobei Sie bitte die Aufnahme nach jedem Satz anhalten und den Satz nachsprechen. Achten Sie auf die richtige Aussprache und die Betonung.

IV. Ergänzen Sie (zuerst selbstständig) die folgenden Sätze. Wenn das zu schwierig ist, suchen Sie die passenden Satzteile dafür unten aus.

1. Doktor Kramer kam von seinem letzten Besuch.......................
2. Er hatte sich gerade schlafen gelegt,................................
3. Ein bekannter Patient bat den Arzt,................................
4. Es war schon das vierte Mal in dieser Woche,.......................
5. Der Patient konnte nicht schlafen,.................................
6. Der Doktor wollte nicht der Einzige sein,..........................

a) gleich zu ihm zu kommen.
b) den Herr Forster ohne jeden Grund aus dem Bett geholt hatte.
c) weil er immer wieder an seine Krankheit denken musste.
d) als das Telefon klingelte.
e) dass Herr Forster den Arzt zu sich holen ließ.
f) sehr spät nach Hause.

1	2	3	4	5	6

Hören – Verstehen – Sprechen

Mitten in der Nacht

V. Ergänzen Sie die Endungen.

1. Der Arzt war sehr spät von sein....... letzt....... Krankenbesuch nach Hause gekommen.
2. Es war schon das viert....... Mal, dass ihn Herr Forster mitten in der Nacht zu sich kommen ließ.
3. Aber er fuhr trotzdem zu dem Patient....... .
4. Der Patient konnte den ganz....... Tag nichts essen und musste immer wieder an sein....... Krankheit denken.
5. „Machen Sie Ihr....... Oberkörper frei!", sagte der Arzt und untersuchte den Patient....... gründlich. Dann schaute er Herr....... Forster noch in d....... Hals.
6. Nach der gründlich....... Untersuchung sagte er zu Herr....... Forster: „Lassen Sie sofort Ihr....... Kinder und Ihr....... nächst....... Verwandt....... kommen! Noch in dies....... Nacht!"
7. Herr Forster ließ gleich seine beid....... Söhne und zwei Schwester....... rufen.
8. Auf die Frage des Patient......., ob es keine Hilfe mehr gebe, antwortete der Arzt mit unverändert ernst....... Gesicht: „Aber wieso? Ich wollte nur nicht der einzig....... Esel sein, den Sie ohne jed....... Grund aus dem Bett geholt haben!"

VI. Übersetzen Sie ins Deutsche.

1. Gdy zadzwonił telefon, leżałem już w łóżku.
2. Pacjent poprosił lekarza, żeby natychmiast do niego przyjechał.
3. On nie może spać, ponieważ wciąż myśli o swojej chorobie.
4. Po dokładnym zbadaniu lekarz powiedział do pacjenta: „Proszę natychmiast sprowadzić tutaj swoje dzieci i najbliższych krewnych!".
5. Pacjent zapytał lekarza, czy jest z nim aż tak źle i czy już jest niemożliwa żadna pomoc.

6. Lekarz nie chciał być jedyną osobą, która bez jakiegokolwiek powodu została sprowadzona w środku nocy.

VII. Versetzen Sie sich in die Rolle des Arztes, der den Vorfall seinen Kollegen erzählt.

21 Wunderpille Aspirin

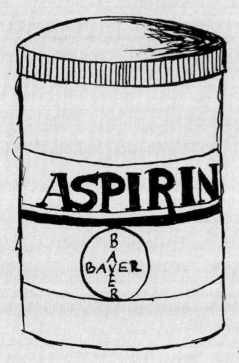

Aspirin gilt heutzutage als das erfolgreichste Medikament der Welt. Fünf Milliarden Tabletten produziert jährlich die Firma Bayer aus Leverkusen bei Köln für den internationalen Markt. Rund 40 Millionen Packungen Aspirin werden jedes Jahr in Deutschland verkauft, mit steigender Tendenz. Wie kein anderes Produkt hat Aspirin den Firmennamen Bayer rund um den Globus bekannt gemacht. Diese „Wunderpille" des 20. Jahrhunderts wird vor allem gegen Fieber, rheumatische Beschwerden und allerlei Schmerzen verwendet. Sie hilft auch als Vorbeugungsmittel gegen Herzinfarkt und Schlaganfall.

Schon in der Antike war das natürliche Heilmittel bekannt: Aus Weidenrinde wurde ein Saft gewonnen und gegen Schmerzen und Fieber genutzt.

Dr. Felix Hoffmann, ein Chemiker in der Firma Bayer, suchte ein Heilmittel für seinen rheumakranken Vater. Dabei stieß er auf die Acetylsalicylsäure, die 40 Jahre davor vom französischen Chemiker Charles Frédéric Gerhardt erfunden wurde und bei Schmerzen und Entzündungen half. Wegen komplizierter Produktionsprozesse hatte Gerhardt auf weitere Versuche verzichtet und starb im Alter von 40 Jahren.

Am 10. August 1897 stellte Hoffmann erstmals die Acetylsalicylsäure in einer chemisch reinen Form her und gilt somit als Erfinder des Schmerzmittels. Diese Substanz ist besser bekannt unter dem Namen Aspirin. Das Pharmaunternehmen Bayer ließ sein Erfolgsprodukt 1899 beim Kaiserlichen Patentamt in Berlin eintragen.

Felix Hoffmann blieb aber sein ganzes Leben international unbekannt und lebte bis zu seinem Tod 1946 zurückgezogen in der Schweiz. Als er starb, war er 78 Jahre alt. Er war nie verheiratet und hinterließ keine Nachkommen.

WÖRTER UND WENDUNGEN

gelten (galt, gegolten) als ⇨ być uważanym za
erfolgreich ⇨ odnoszący sukcesy
steigen (stieg, gestiegen s.) ⇨ wzrastać
das Fieber ⇨ gorączka
die Beschwerden (Pl.) ⇨ tu: dolegliwości
allerlei ⇨ rozmaity, wszelki
der Schmerz, -en ⇨ ból
verwenden ⇨ stosować
das Vorbeugungsmittel, - ⇨ środek zapobiegawczy

der Herzinfarkt, -e ⇨ zawał serca
der Schlaganfall, ⸗e ⇨ udar
das Heilmittel ⇨ środek leczniczy
die Weidenrinde ⇨ kora wierzbowa
auf etwas stoßen (stieß, gestoßen s.) ⇨ natknąć się na coś
die Acetylsalicylsäure ⇨ kwas acetylosalicylowy
erfinden (erfand, erfunden) ⇨ wynaleźć
die Entzündung, -en ⇨ zapalenie
der Versuch, -e ⇨ tu: eksperyment

verzichten (auf A) ⇨ rezygnować (z czegoś)
sterben (starb, gestorben s.) ⇨ umierać
her/stellen ⇨ produkować
das Schmerzmittel, - ⇨ środek przeciwbólowy
das Patentamt, ⸗er ⇨ urząd patentowy
zurück/ziehen (zog zurück, zurückgezogen) ⇨ wycofywać
hinterlassen (hinterließ, hinterlassen) ⇨ pozostawiać
der Nachkomme, -n ⇨ potomek

21 Wunderpille Aspirin

I. Hören Sie sich bitte den Text ein- oder zweimal an und entscheiden Sie, ob die folgenden Sätze richtig oder falsch sind.

		R	F
1.	Aspirin ist das meistverkaufte Medikament der Welt.		
2.	Es werden jährlich fünf Millionen Tabletten produziert.		
3.	Die Firma Bayer hat ihren Hauptsitz in Köln.		
4.	Aspirin wird gegen allerlei Allergien verwendet.		
5.	Dr. Felix Hoffmann war der Erfinder von Aspirin.		
6.	Er wollte seinem Vater gegen rheumatische Schmerzen helfen.		
7.	Dr. Hoffmann hat 1879 die reine Acetylsalicylsäure hergestellt.		
8.	Er war als der Erfinder von Aspirin sehr bekannt.		

II. Hören Sie sich den Text noch einmal an und antworten Sie anschließend auf die folgenden Fragen.

Schlüsselwörter:
- die Wunderpille – cudowna tabletka
- die Beschwerde – tu: dolegliwość
- die Weidenrinde – kora wierzbowa
- her/stellen – produkować

1. Wo hat die Firma Bayer ihren Hauptsitz?
2. Wie viel Aspirin wird jedes Jahr für den internationalen Markt produziert?
3. Wogegen hilft Aspirin?
4. Wer hat die Acetylsalicylsäure erfunden?
5. Was und warum suchte Dr. Felix Hoffmann?
6. Wann wurde Aspirin patentiert?
7. Wann und wo starb Dr. Felix Hoffmann?

Wunderpille Aspirin

III. Hören Sie den Text ein weiteres Mal, wobei Sie bitte die Aufnahme nach jedem Satz anhalten und den Satz nachsprechen. Versuchen Sie auch die Aussprache und die Betonung richtig nachzumachen.

IV. Ergänzen Sie (zuerst selbstständig) die folgenden Sätze. Falls das zu schwierig ist, wählen Sie die passenden Satzteile dafür unten aus.

1. Aspirin gilt heutzutage als ....
2. Rund 40 Millionen Packungen Aspirin werden.........................
3. Diese „Wunderpille" des 20. Jahrhunderts wird vor allem ....
4. Sie hilft auch als Vorbeugungsmittel gegen ....
5. Dr. Felix Hoffmann, ein Chemiker in der Firma Bayer, suchte ....
6. Er stellte erstmals die Acetylsalicylsäure in einer chemisch reinen Form her und ....
7. Diese Substanz ist besser ....
8. Felix Hoffmann blieb aber ....
9. Er war nie verheiratet und ....

a) jedes Jahr in Deutschland verkauft.
b) Herzinfarkt und Schlaganfall.
c) das erfolgreichste Medikament der Welt.
d) hinterließ keine Nachkommen.
e) gilt somit als Erfinder des Schmerzmittels.
f) bekannt unter dem Namen Aspirin.
g) ein Heilmittel für seinen rheumakranken Vater.
h) gegen Fieber, rheumatische Beschwerden und allerlei Schmerzen verwendet.
i) sein ganzes Leben international unbekannt.

1	2	3	4	5	6	7	8	9

21 Wunderpille Aspirin

V. Was passt nicht in die Reihe?
1. das Fieber – der Krebs – der Husten – der Schnupfen
2. die Tablette – die Pille – die Kapsel – die Salbe
3. das Schmerzpflaster – die Schmerztablette – das Schmerzgebäck – die Schmerzsalbe
4. die Haarschmerzen – die Kopfschmerzen – die Zahnschmerzen – die Bauchschmerzen
5. der Allgemeinarzt – der Tierarzt – der Hautarzt – der Augenarzt

VI. Ergänzen Sie die Wörter (in der richtigen Form).
anderes, bekannt, Fieber, gegen, gelten, jährlich, machen, Markt, Medikament, natürlich, verkaufen, Vorbeugungsmittel, Saft, Schlaganfall, Schmerzen

Aspirin .... heutzutage als das erfolgreichste .... der Welt. Fünf Milliarden Tabletten produziert .... die Firma Bayer für den internationalen .... Rund 40 Millionen Packungen Aspirin werden jedes Jahr in Deutschland ...., mit steigender Tendenz.
Wie kein .... Produkt hat Aspirin den Firmennamen Bayer rund um den Globus bekannt .... Diese „Wunderpille" des 20. Jahrhunderts wird vor allem gegen ...., rheumatische Beschwerden und allerlei .... verwendet. Sie hilft auch als .... gegen Herzinfarkt und ....
Schon in der Antike war das .... Heilmittel ....: Aus Weidenrinde wurde ein .... gewonnen und .... Schmerzen und Fieber genutzt.

VII. Übersetzen Sie ins Deutsche.

1. Aspiryna uważana jest za jedno z najbardziej znanych lekarstw świata.
2. Ta „cudowna pigułka" jest stosowana przede wszystkim przeciwbólowo.
3. Dr Felix Hoffmann poszukiwał środka przeciwbólowego dla swojego ojca.
4. Francuski chemik Gerhardt wynalazł kwas acetylosalicylowy.
5. Gerhardt niestety nie przeprowadził dalszych eksperymentów.
6. Koncern farmaceutyczny Bayer opatentował aspirynę w 1899 roku.
7. Dr Felix Hoffmann zmarł w Szwajcarii w 1946 roku w wieku 78 lat.

VIII. Erzählen Sie die Geschichte von Aspirin.

22 Der gefürchtete Professor

In Berlin lebte einmal ein berühmter Medizinprofessor, der bei seinen Studenten sehr gefürchtet war. Wenn sie hörten, dass er der Vorsitzende der nächsten Prüfungskommission war, gab es stets große Aufregung, denn dieser Professor prüfte immer sehr streng. Er war dafür bekannt, dass er die schwierigsten Fragen stellte und oft einen Kandidaten durchfallen ließ, wenn dieser nicht die Antwort gab, die der Professor zu hören wünschte.

Hatte aber ein Kandidat bei ihm eine Prüfung bestanden, brauchte er sich um seine Zukunft keine Sorgen zu machen, denn kein Arzt konnte eine bessere Empfehlung haben, als die, von diesem Professor geprüft worden zu sein.

Der Professor hielt wieder eine Prüfung ab. Der Kandidat saß vor der Prüfungskommission und schaute etwas ängstlich und nervös den Professor an, der ihm seine kurzen, aber schwierigen Fragen stellte. Zuerst ließ sich der Professor von dem Kandidaten eine bestimmte Krankheit beschreiben. Als der Kandidat die Symptome der Krankheit richtig genannt hatte, fragte der Professor nach dem Heilmittel für diese Krankheit. Es wurde ihm die richtige Antwort genannt.

„Gut", sagte der Professor, „und wie viel geben Sie dem Patienten davon?"

„Einen Esslöffel voll, Herr Professor", war die Antwort.

Als der Kandidat vor der Tür des Prüfungszimmers warten musste, während die Kommission sich über seine Leistungen beriet, fiel ihm ein, dass er sich geirrt hatte: ein Esslöffel voll war ja viel zu viel!

Aufgeregt öffnete er die Tür des Prüfungszimmers und rief: „Herr Professor! Ich habe mich geirrt! Ein Esslöffel voll ist zu viel für den Kranken. Er darf nur fünf Tropfen bekommen!"

„Es tut mir leid", sagte der Professor kurz, „der Patient ist schon gestorben."

WÖRTER UND WENDUNGEN

gefürchtet ⇨ tu: groźny
berühmt ⇨ słynny
Er ist bei den Studenten gefürchtet.
 ⇨ Studenci boją się go.
der Vorsitzende, -n ⇨ przewodniczący
die Aufregung ⇨ zdenerwowanie
prüfen ⇨ egzaminować
streng ⇨ wymagający, ostry
j-n durch/fallen lassen ⇨ oblać kogoś

eine Prüfung bestehen ⇨ zdać egzamin
die Zukunft ⇨ przyszłość
sich Sorgen machen (um) ⇨ obawiać się (o)
die Empfehlung, -en ⇨ polecenie
eine Prüfung ab/halten ⇨ przeprowadzić egzamin
ängstlich ⇨ bojaźliwie
nennen (nannte, genannt) ⇨ wymienić
das Heilmittel, - ⇨ lekarstwo

der Esslöffel, - ⇨ łyżka stołowa
die Leistung, -en ⇨ wynik, osiągnięcie
(sich) beraten (beriet, beraten) (über A) ⇨ obradować/naradzać się (nad czymś)
j-m ein/fallen (fiel ein, eingefallen s.) ⇨ przychodzić na myśl/do głowy
sich irren ⇨ mylić się
aufgeregt ⇨ zdenerwowany
der Tropfen, - ⇨ kropla
sterben (starb, gestorben s.) ⇨ umrzeć

22. Der gefürchtete Professor

I. Hören Sie sich bitte die Geschichte ein- oder zweimal an und entscheiden Sie anschließend, ob die folgenden Sätze richtig oder falsch sind.

		R	F
1.	In Berlin lebte einmal ein Medizinprofessor, der vor seinen Studenten große Angst hatte.		
2.	Viele Studenten fielen in den Prüfungen, die der Professor abhielt, durch, wenn sie nicht die Antworten gaben, die der Professor hören wollte.		
3.	Diejenigen Studenten, die bei dem Professor eine Prüfung bestanden, hatten große Chancen, eine gute Arbeitsstelle zu bekommen.		
4.	Während einer Prüfung sollte ein Kandidat eine bestimmte Krankheit beschreiben und der Prüfungskommission sagen, ob diese Krankheit heilbar oder unheilbar ist.		
5.	Der Kandidat hat dem Kranken von dem Heilmittel statt nur ein paar Tropfen einen Esslöffel voll gegeben, deshalb ist der Patient gestorben.		

II. Hören Sie sich die Geschichte nochmals an und beantworten Sie dann die folgenden Fragen.

Schlüsselwörter:

- gefürchtet – tu: groźny
- gefürchtet sein (bei) – bać się (kogoś)
- streng – ostry, wymagający
- das Heilmittel – lekarstwo

1. Warum war es so schwer, bei dem Medizinprofessor eine Prüfung zu bestehen?
2. Warum hatten diejenigen Kandidaten, die bei dem Professor eine Prüfung bestanden hatten, Grund zur Freude?
3. Welche Aufgaben stellte der Professor einem Kandidaten während der Prüfung?

4. Wann fiel dem Kandidaten ein, dass er sich geirrt hat?
5. Auf welche Weise versuchte er, seine falsche Antwort zu korrigieren?
6. Wie reagierte der Professor auf die „Korrektur" der Antwort?

III. Hören Sie die Geschichte ein weiteres Mal, wobei Sie bitte die Aufnahme nach jedem Satz anhalten und den Satz nachsprechen. Achten Sie dabei auf die richtige Aussprache und die Betonung.

IV. Was gehört zusammen? Bilden Sie anschließend mit den Ausdrücken eigene Sätze.

1.	gefürchtet
2.	einen Kandidaten durchfallen
3.	eine Prüfung
4.	sich Sorgen

a)	machen
b)	bestehen
c)	lassen
d)	sein

1	2	3	4

V. Formulieren Sie die kursiv gesetzten Satzteile um.

1. In Berlin lebte ein berühmter Medizinprofessor, *vor dem seine Studenten große Angst hatten*.

   ....
   ....

2. Wenn der Professor der Vorsitzende der Prüfungskommission war, herrschte *immer* große *Nervosität*.

22 Der gefürchtete Professor

3. Die Studenten mussten (genau) die Antworten geben, die der Professor *hören wollte*.

4. Wenn ein Kandidat bei diesem Professor *ein Examen* bestanden hat, *musste er sich* um seine Zukunft *nicht sorgen*.

5. Der Kandidat *schaute* ängstlich und nervös *auf den Professor*.

6. Aufgeregt *machte* der Kandidat die Tür des Prüfungszimmers *auf* und rief: „Herr Professor! Ich habe *etwas Falsches gesagt!*"

7. Der Professor sagte darauf nur kurz: „Der Patient *lebt nicht mehr*."

VI. Ergänzen Sie (zuerst selbstständig) die folgenden Sätze. Wenn das zu schwierig ist, suchen Sie die passenden Satzteile dafür unten aus.

1. In Berlin lebte ein Medizinprofessor, ...
2. Wenn ein Kandidat bei dem Professor eine Prüfung bestanden hat, ...
3. Als der Kandidat die Symptome der Krankheit genannt hatte, ...
4. Als der Kandidat vor der Tür des Prüfungszimmers warten musste, ...
5. Ein Esslöffel voll war viel zu viel ....
6. „Es tut mir leid", sagte der Professor, ...

Der gefürchtete Professor

a)	fiel ihm ein, dass er sich geirrt hatte.
b)	„der Patient ist schon gestorben."
c)	für den Patienten.
d)	brauchte er sich um seine Zukunft keine Sorgen zu machen.
e)	der bei seinen Studenten sehr gefürchtet war.
f)	fragte der Professor nach dem Heilmittel für diese Krankheit.

1	2	3	4	5	6

VII. Übersetzen Sie ins Deutsche.

1. Kto będzie przewodniczącym następnej komisji egzaminacyjnej?
2. Profesor był znany z tego, że stawiał najtrudniejsze pytania i często oblewał studentów.
3. Nie musi pan się obawiać o swoją przyszłość.
4. Podczas egzaminu profesor kazał studentowi wymienić wszystkie symptomy pewnej konkretnej choroby.
5. Potem profesor zapytał o lekarstwo na tę chorobę.
6. Kiedy student czekał przed pokojem egzaminacyjnym, przyszło mu na myśl, że się pomylił.
7. Przykro mi, ale pacjent już nie żyje.

VII. Erzählen Sie die Geschichte nach.

IX. Versetzen Sie sich in die Rolle des Studenten, der seinen Kollegen über den Verlauf der Prüfung bei dem gefürchteten Professor erzählt.

23 Der Physiotherapeut

„Emil, unser Beruf wird von einer Generation zur nächsten weitergereicht, nicht wahr?"
„Ja, Opa Anton. Wenn meine Kinder mal Physiotherapeuten werden, wird es schon die vierte Generation sein. Weißt du, Opa, ich mache mir Sorgen, ob ich in diesem Beruf gut sein werde."
„Ach, Emil, ich bin mir sicher, dass du es sehr gut machst. Eigentlich gibt es nur drei goldene Regeln."
„Welche denn?"
„Also, die erste Regel lautet: Wir loben den Patienten und vermeiden jegliche Kritik seiner Fortschritte. Die zweite Regel besagt: Gleichzeitig müssen wir doch etwas streng sein, wie ein Unteroffizier, der den Rekruten das Exerzieren beibringt. Und die dritte Regel: Wir gebrauchen möglichst viele Fachbegriffe oder zumindest Begriffe, die gut klingen. Nimm irgendein Anatomiebuch und lerne möglichst viele Wörter auswendig, die du dann bei Terminen anwenden kannst. Der Patient wird mit einem solchen Wortschatz höchstwahrscheinlich nicht vertraut sein und sich denken, dass du ein richtiger Profi bist."
„Das klingt fast zu einfach, um wahr zu sein."

23

„Ach, glaub mir doch. Ich mache das schon seit so vielen Jahren. Schau mal, ich habe etwas auf dem Smartphone aufgenommen, als ich einen der Patienten zu Hause behandelt habe. Herr Schulz, 83 Jahre alt, Teillähmung der Beine. Ich spiele dir die Aufnahme vor."

[Aufnahme von Opa Anton:] *...so, Herr Schulz, heben Sie abwechselnd den linken und den rechten Arm. So, ja, genau. Jetzt den rechten Arm. Sehr gut, perfekt. Und dabei bitte einatmen und ausatmen. Jetzt bitte alles achtmal wiederholen – ja, sehr gut, genau so, den linken Arm noch ein bisschen höher. Wissen Sie, ich hätte nicht gedacht, dass Sie das so gut schaffen. Ich merke, seit unserem letzten Treffen haben Sie geübt, habe ich Recht? Sie haben wirklich große Fortschritte gemacht.* „Siehst du, Emil, die Arbeit eines Physiotherapeuten ist größtenteils ständiges Reden, mit möglichst viel Lob an den Patienten. Und dafür kriegst du 80 Euro pro Stunde."

„Ja, Opa. Das war vielleicht zu deiner Zeit so. Die Zeiten ändern sich. Heutzutage muss man viele Jahre intensiv lernen und auch viele sehr schwierige Prüfungen bestehen, um als Physiotherapeut arbeiten zu dürfen."

23

WÖRTER UND WENDUNGEN

weiter/reichen ⇨ przekazać dalej
sich Sorgen machen ⇨ martwić się
eigentlich ⇨ właściwie
loben ⇨ chwalić
vermeiden (vermied, vermieden) ⇨ unikać
jegliche Kritik ⇨ jakakolwiek krytyka
irgendein ⇨ jakiś
der Fortschritt, -e ⇨ postęp
besagen ⇨ tu: powiadać
gleichzeitig ⇨ jednocześnie
streng ⇨ surowy
der Unteroffizier, -e ⇨ podoficer
das Exerzieren ⇨ musztra
j-m etwas bei/bringen ⇨ uczyć kogoś czegoś
gebrauchen ⇨ używać
möglichst viel ⇨ możliwie dużo
der Fachbegriff, -e ⇨ termin fachowy
zumIndest ⇨ przynajmniej
klingen (klang, geklungen) ⇨ brzmieć
etwas auswendig lernen ⇨ uczyć się czegoś na pamięć
an/wenden ⇨ stosować

der Wortschatz ⇨ słownictwo
höchstwahrscheinlich ⇨ najprawdopodobniej
mit etwas vertraut sein ⇨ być z czymś obeznanym
der Profi, -s ⇨ profesjonalista
auf/nehmen (nahm auf, aufgenommen) ⇨ tu: nagrywać
behandeln ⇨ tu: zajmować się
die Teillähmung, -en ⇨ częściowy bezwład
die Aufnahme, -n ⇨ tu: nagranie
j-m eine Aufnahme vor/spielen ⇨ tu: odtworzyć komuś nagranie
heben (hob, gehoben) ⇨ podnosić
ein/atmen ⇨ wdychać
aus/atmen ⇨ wydychać
merken ⇨ zauważać
schaffen ⇨ tu: dawać radę
üben ⇨ ćwiczyć
größtenteils ⇨ prawie wyłącznie
ständig ⇨ ciągle
das Lob, -e ⇨ pochwała
kriegen ⇨ potocznie: dostawać
heutzutage ⇨ w dzisiejszych czasach

Der Physiotherapeut 23

I. Hören Sie sich bitte die Geschichte ein- oder zweimal an und entscheiden Sie, ob die folgenden Sätze richtig oder falsch sind.

		R	F
1.	Emils Großvater und Vater sind Physiotherapeuten.		
2.	Emil macht sich keine Sorgen wegen seiner Arbeit.		
3.	Opa Anton denkt, seine Arbeit ist einfach.		
4.	Opa Anton sagt, man braucht keine Fachbegriffe zu benutzen.		
5.	Herr Schulz kann gut laufen.		
6.	Herr Schulz soll Atemübungen machen.		
7.	Als Physiotherapeut verdient Opa Anton 18 Euro pro Stunde.		

II. Hören Sie sich die Geschichte noch einmal an und antworten Sie anschließend auf die folgenden Fragen.

Schlüsselwörter:
- die Regel – reguła
- loben – chwalić
- der Fortschritt – postęp
- schaffen – tu: dawać radę
- auswendig lernen – uczyć się na pamięć

1. Worüber spricht Emil mit seinem Großvater?
2. Wie viele Regeln präsentiert Opa Anton seinem Enkel?
3. Wie lauten die wichtigsten Regeln?
4. Woran leidet Herr Schulz?
5. Was hat Opa Anton auf seinem Smartphone aufgenommen?
6. Welche Übungen lässt Opa Anton Herrn Schulz machen?
7. Wie viel verdient Opa Anton als Physiotherapeut?
8. Wie reagiert Emil auf die Erzählungen seines Opas?

Der Physiotherapeut

III. Hören Sie die Geschichte ein weiteres Mal, wobei Sie bitte die Aufnahme nach jedem Satz anhalten und den Satz nachsprechen. Versuchen Sie auch die Aussprache und die Betonung richtig nachzumachen.

IV. Ergänzen Sie (zuerst selbstständig) die folgenden Sätze. Falls das zu schwierig ist, wählen Sie die passenden Satzteile dafür unten aus.

1. Ich mache mir Sorgen, ob ....
2. Ich bin mir sicher, ...
3. Wir loben den Patienten und ....
4. Das klingt zu einfach, ...
5. Ich mache das schon seit ....
6. Ich spiele dir ....
7. Ich hätte nicht gedacht, dass ....
8. Das war vielleicht ....

a) vermeiden jegliche Kritik.
b) ich in diesem Beruf gut sein werde.
c) so vielen Jahren.
d) eine Aufnahme vor.
e) zu deiner Zeit so.
f) dass du es sehr gut machst.
g) Sie das so gut schaffen.
h) um wahr zu sein.

1	2	3	4	5	6	7	8

Hören – Verstehen – Sprechen

V. Bilden Sie die Imperativform in der 2. Person Singular und Plural sowie in der Höflichkeitsform.

Beispiel:

    diese Sätze auswendig lernen
du: *Lern diese Sätze auswendig!*
ihr: *Lernt diese Sätze auswendig!*
Sie: *Lernen Sie diese Sätze auswendig!*

1. immer den Patienten loben

du: ....
ihr: ....
Sie: ....

2. sich keine Sorgen machen

du: ....
ihr: ....
Sie: ....

3. heute jegliche Kritik vermeiden

du: ....
ihr: ....
Sie: ....

4. viele schwierige Wörter gebrauchen

du: ....
ihr: ....
Sie: ....

5. ihm oft etwas beibringen

du: ....
ihr: ....
Sie: ....

23 Der Physiotherapeut

6. immer seinem Physiotherapeuten glauben.

du: ....
ihr: ....
Sie: ....

7. mir eine Aufnahme vorspielen

du: ....
ihr: ....
Sie: ....

8. den rechten Arm heben

du: ....
ihr: ....
Sie: ....

9. langsam einatmen

du: ....
ihr: ....
Sie: ....

10. dann schnell ausatmen

du: ....
ihr: ....
Sie: ....

11. es am besten dreimal wiederholen

du: ....
ihr: ....
Sie: ....

VI. Setzen Sie die Substantive in der richtigen Form ein.

1. Er ist ………………… von Dr. Weber (ein Patient).
2. Das ist das Zimmer ………………… (der Journalist).
3. Der Physiotherapeut hilft ………………… (der Junge).
4. Wir treffen ………………… (der Polizist) zweimal pro Woche.
5. Hier steht ………………… (der Tourist).
6. Das Leben ………………… (ein Soldat) ist nicht immer leicht.
7. Wie ist der Name ………………… (der Student)?
8. Herr Schmidt kennt ………………… (kein Pole) persönlich.

VII. Übersetzen Sie ins Deutsche.

1. Obawiam się, że nie będę taki dobry w swoim zawodzie.
2. Nie jestem pewien, czy dasz radę.
3. Jest kilka ważnych reguł.
4. Nie potrzebuję się tego uczyć na pamięć.
5. To brzmi zbyt prosto, żeby było możliwe.
6. Nagrałem pacjenta na smartfonie.
7. Widzę, że od naszego ostatniego spotkania pan trochę ćwiczył.
8. Zrobił pan niestety tylko niewielkie postępy.
9. Czasy się zmieniają, prawda?

VIII. Erzählen Sie die Geschichte nach.

IX. Versetzen Sie sich in die Rolle von Emil, der 25 Jahre später von diesem Gespräch seinem Sohn erzählt. Sein Sohn möchte auch Physiotherapeut werden.

24 Die Pille

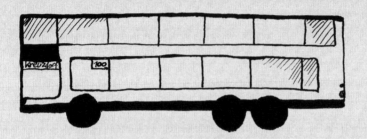

Eines Tages fuhr ich mit dem Bus von Kirchheim nach Kreuzdorf. Der Bus hielt an einer Haltestelle, und eine alte Dame stieg ein. Sie hatte einige Pakete und eine große Handtasche bei sich. An der nächsten Haltestelle stand sie auf, trat zum Schaffner und fragte: „Ist das Anden?"
Der Schaffner antwortete: „Nein, das ist noch nicht Anden, bis Anden ist es noch weit."
Die Dame setzte sich wieder. Aber kurz vor der nächsten Haltestelle wurde sie unruhig, ging wieder zum Schaffner und fragte: „Ist das Anden?"
Der Schaffner antwortete dasselbe wie vorher. Die Frau wurde aber immer unruhiger. Sie öffnete ihre Handtasche, und ich sah, dass sich in der Tasche einige Schachteln und Flaschen befanden. Der Bus hielt. Wieder trat die Dame zum Schaffner. Der Mann wollte schon böse werden. Als er aber sah, dass die Frau ihn bescheiden und voll Vertrauen ansah, lächelte er und sagte freund-

24

lich: „Seien Sie ganz ruhig! Ich werde es Ihnen sagen, wenn wir in Anden sind!"
Das Wetter war an diesem Tage sehr warm. Ich machte die Augen zu und schlief bald ein.
Als ich erwachte und durchs Fenster schaute, bemerkte ich, dass wir an Anden schon vorbeigefahren waren. Aber wie seltsam! Meine Nachbarin saß immer noch auf ihrem Platz!
In diesem Moment kam der Schaffner vorbei. Als er die Dame erblickte, war er erstaunt und verlegen. Aber die Dame schaute ihn ruhig und voll Vertrauen an. Der Bus hielt wieder, diesmal etwas länger. Schnell ging ich nach draußen, um eine Zigarette zu rauchen. Ich konnte durchs Fenster beobachten, dass zwischen dem Schaffner und dem Fahrer ein lebhaftes Gespräch stattfand.
Fünf Minuten vergingen, dann fuhr der Autobus nicht weiter, sondern zurück nach Anden! Ich musste lachen. Als wir auf diese Weise zum zweiten Mal in Anden waren, kam der Schaffner herbei und sagte: „Schnell, schnell, meine Dame! Das ist Anden! Sie müssen aussteigen!" Und er nahm die Handtasche, um der Frau zu helfen. Die Frau aber nahm die Handtasche energisch zurück: „Ich steige hier nicht aus! Geben Sie mir bitte meine Handtasche! Wenn hier Anden ist, soll ich meine erste Pille nehmen, hat mir mein Arzt, Doktor Hoffmann gesagt..."

24

WÖRTER UND WENDUNGEN

die Pille, -n ⇨ pigułka
halten (hielt, gehalten) ⇨ trzymać, zatrzymać się
die Haltestelle, -n ⇨ przystanek
ein/steigen (stieg ein, eingestiegen s.) ⇨ wsiadać
das Paket, -e ⇨ paczka, pakunek
die Handtasche, -n ⇨ torebka (damska)
zum Schaffner treten ⇨ podejść do konduktora
vorher ⇨ przedtem
die Schachtel, -n ⇨ pudełko
böse ⇨ zły
bescheiden ⇨ skromnie
das Vertrauen ⇨ zaufanie
Seien Sie ganz ruhig! ⇨ Niech pani będzie całkiem spokojna!

ein/schlafen (schlief ein, eingeschlafen s.) ⇨ zasnąć
erwachen s. ⇨ przebudzić się
vorbei/fahren (fuhr vorbei, vorbeigefahren s.) (an D) ⇨ przejechać obok, minąć
seltsam ⇨ dziwny, osobliwy
j-n erblicken ⇨ ujrzeć kogoś
erstaunt ⇨ zdziwiony
verlegen ⇨ zakłopotany
nach draußen gehen ⇨ wyjść na zewnątrz/na dwór
beobachten ⇨ (za)obserwować
lebhaft ⇨ ożywiony
statt/finden (fand statt, stattgefunden) ⇨ odbywać się
vergehen (verging, vergangen s.) ⇨ upłynąć, przemijać
herbei/kommen (kam herbei, herbeigekommen s.) ⇨ tu: podejść

Die Pille

I. Hören Sie sich bitte die Geschichte ein- oder zweimal an und entscheiden Sie anschließend, ob die folgenden Sätze richtig oder falsch sind.

		R	F
1.	Die Geschichte spielte sich im Zug ab, der von Kirchheim nach Kreuzdorf fuhr.		
2.	An einer Haltestelle stieg eine hübsche, junge Dame in den Bus ein.		
3.	Die Dame wollte bis Anden fahren, deshalb bat sie den Busfahrer, ihr rechtzeitig zu sagen, wann sie aussteigen sollte.		
4.	Während der Fahrt schlief der Schaffner ein, und als er aufwachte, war der Bus schon an Anden vorbeigefahren.		
5.	Die Dame hat gar nicht gemerkt, dass der Bus an Anden vorbeigefahren ist.		
6.	Der Bus musste später zurück nach Anden fahren.		
7.	Als der Schaffner der Frau in Anden beim Aussteigen helfen wollte, sagte sie, dass sie überhaupt nicht vorhatte, in Anden auszusteigen.		
8.	Der Arzt hat der alten Frau empfohlen, in Anden ihre erste Pille zu nehmen.		

II. Hören Sie sich die Geschichte nochmals an und beantworten Sie dann die folgenden Fragen.

Schlüsselwörter:
- die Pille – pigułka
- der Schaffner – konduktor
- vorbei/fahren – minąć, przejechać (obok)

1. Wo spielt die Handlung der Geschichte?
2. Was für eine Bitte hatte eine alte Frau an den Schaffner?
3. Wie war das Wetter an jenem Tag?
4. Was ist unterwegs passiert?
5. Warum wollte die Dame doch nicht in Anden aussteigen?

Die Pille

III. Hören Sie die Geschichte ein weiteres Mal, wobei Sie bitte die Aufnahme nach jedem Satz anhalten und den Satz nachsprechen. Achten Sie dabei auf die richtige Aussprache und die Betonung.

IV. Schreiben Sie die Verben im Präteritum (Imperfekt).

1. Der Bus .... (halten) an einer Haltestelle und eine alte Dame .... (einsteigen).
2. An der nächsten Haltestelle .... sie .... (aufstehen) und .... (fragen) den Schaffner: „Ist das Anden?"
3. Die Dame .... (sich setzen) wieder.
4. Aber kurz vor der nächsten Haltestelle .... (werden) sie unruhig, ... (gehen) zum Schaffner und fragte dasselbe.
5. Man .... (können) sehen, dass sich in der Tasche der Frau einige Schachteln und Flaschen .... (befinden).
6. Das Wetter .... (sein) an diesem Tag sehr warm und viele Fahrgäste .... (einschlafen).
7. Als der Bus an Anden schon vorbeigefahren war, ... (sitzen) die Frau immer noch auf ihrem Platz.
8. Als der Schaffner die Dame .... (erblicken), war er sehr erstaunt.
9. Ein wenig später .... (können) man beobachten, dass zwischen dem Schaffner und dem Fahrer ein lebhaftes Gespräch ....(stattfinden).
10. Fünf Minuten .... (vergehen), dann .... (fahren) der Bus nicht weiter, sondern zurück nach Anden!
11. In Anden .... (nehmen) der Schaffner die Handtasche der Frau, um ihr zu helfen.
12. Aber die Frau .... gar nicht .... (vorhaben), in Anden auszusteigen.

Die Pille

24

V. Lösen Sie das Kreuzworträtsel. Jedes Wort hängt mit einer Busfahrt zusammen und kommt in der Geschichte vor. Wie lautet das Stichwort (12 senkrecht)?

WAAGERECHT:
1. Die wichtigste Person bei einer Busfahrt ist der ....
2. Früher gab es in jedem Stadtbus und in jeder Straßenbahn einen ....
3. Wenn die Leute aussteigen wollen, muss der Fahrer ....
4. Am Hauptbahnhof wollen viele Leute in einen Bus ....
5. Bei schönem .... macht man gern einen Ausflug mit dem Bus.
6. An der Endhaltestelle müssen alle Fahrgäste ....
7. Bevor der Bus losfährt, sollte man sich ....
8. Wenn an einer Haltestelle viele Leute warten, muss der Busfahrer halten. Er darf nicht einfach ....
9. Entschuldigen Sie bitte, ist der .... hier frei?
10. Bei längerer Fahrt kommt es vor, dass manche Leute ....
11. Während einer Busfahrt schaue ich gern durchs ....

SENKRECHT:
12. ....?

Hören – Verstehen – Sprechen

24 Die Pille

VI. „Als" oder „wenn"?

1. .... der Bus an einer Haltestelle hielt, stieg eine alte Frau ein.
2. .... der Schaffner sah, dass die Frau wieder dieselbe Frage stellen wollte, sagte er: „Bleiben Sie ruhig! Ich werde Ihnen sagen, ... wir in Anden sind."
3. .... ich erwachte, bemerkte ich, dass wir an Anden schon vorbeigefahren waren.
4. .... der Schaffner die Dame erblickte, war er erstaunt und verlegen.
5. .... der Bus zum zweiten Mal in Anden war, kam der Schaffner zu der Dame und sagte: „Das ist Anden! Sie müssen aussteigen!"
6. Die Frau antwortete: „..................... hier Anden ist, soll ich meine erste Pille nehmen, hat mein Arzt gesagt."

VII. Übersetzen Sie ins Deutsche.

1. Gdy autobus zatrzymał się na przystanku, wsiadła pewna starsza pani z kilkoma paczkami.
2. Na następnym przystanku ta pani podeszła do konduktora i zapytała, czy to jest Anden.
3. Niech pani będzie zupełnie spokojna! Powiem pani, gdy będziemy w Anden.
4. Kiedy się przebudziłem, zauważyłem, że już przejechaliśmy Anden.
5. Byłem zdziwiony, że ta kobieta wciąż siedziała na swoim miejscu.
6. Podczas postoju wyszedłem na zewnątrz, aby zapalić papierosa.
7. Między kierowcą a konduktorem odbyła się ożywiona rozmowa.
8. Gdy po raz drugi byliśmy w Anden, konduktor podszedł do tej starej

kobiety i powiedział: „Jesteśmy w Anden, musi pani wysiąść!".
9. Jeśli jesteśmy w Anden, to ja muszę wziąć moją pierwszą pigułkę, tak mi powiedział lekarz.

VIII. Versetzen Sie sich in die Rolle des Schaffners und erzählen Sie die Geschichte nach.

25 Auch Ärzte haben Sinn für Humor

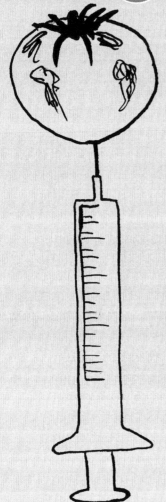

Herr Dr. Fischer ist ein bekannter und guter Arzt. Er arbeitet in einem großen Krankenhaus in Hamburg. Sein Spezialgebiet ist Hämatologie, das heißt, er beschäftigt sich mit Blutkrankheiten. Er hat sehr viele Patienten und rettet vielen Menschen das Leben. An den meisten Tagen arbeitet er von früh bis abends, nur am Wochenende hat er frei.

Sein Hobby sind Pflanzen. Er hat ein Häuschen am Stadtrand und einen wunderschönen großen Garten. Leider hat er nie genug Zeit, im Garten zu arbeiten. Aber an den Wochenenden macht er das sehr gern. Er zieht dann seine Gartenkleider an und widmet sich seinem Hobby.

An einem sonnigen Samstag im Frühjahr wollte er neue Blumen in Blumenkästen pflanzen. Mitten bei der Arbeit merkte er, dass er zu wenig Blumenerde hatte. Er beschloss also, schnell einen Sack Blumenerde aus dem Gartenmarkt zu holen.

25

Schnell stieg er ins Auto, ohne sich umzuziehen und war schon bald in einem riesengroßen Gartencenter.

„Entschuldigung, wo finde ich Tomatenpflanzen?", fragte eine vorbeigehende Kundin Herrn Dr. Fischer, der in seinen Gartenkleidern wie ein Mitarbeiter vom Gartencenter aussah.

„Keine Ahnung", antwortete er, „ich arbeite erst seit heute hier."

„Das ist aber unhöflich, dass Sie mir nicht helfen wollen", ärgerte sich die Kundin. „Ich gehe gleich zu Ihrem Vorgesetzten und beschwere mich über Sie."

„Ja, das können Sie gerne tun", sagte Herr Dr. Fischer, „ich wollte hier sowieso kündigen."

WÖRTER UND WENDUNGEN

hervorragend ⇨ wybitny, doskonały
das Spezialgebiet, -e ⇨ dziedzina specjalności
sich beschäftigen (mit) ⇨ zajmować się (czymś)
die Blutkrankheit, -en ⇨ choroba krwi
retten – ratować
die Pflanze, -n ⇨ roślina
merken ⇨ zauważyć
das Häuschen, - ⇨ domek
sich widmen D ⇨ poświęcać się czemuś

der Blumenkasten, ⸚ ⇨ skrzynka na kwiaty
pflanzen ⇨ sadzić
die Blumenerde ⇨ ziemia kwiatowa
beschließen (beschloss, beschlossen) ⇨ postanowić
der Gartenmarkt, ⸚e ⇨ sklep ogrodniczy
riesengroß ⇨ ogromny
die Tomatenpflanze, -n ⇨ sadzonka pomidora
vorbei/gehen (ging vorbei, vorbeigegangen s.) ⇨ przechodzić obok

aus/sehen (sah aus, ausgesehen) ⇨ wyglądać
keine Ahnung ⇨ nie mam pojęcia
unhöflich ⇨ nieuprzejmie
der Vorgesetzte, -n ⇨ przełożony
sich beschweren (über A) ⇨ skarżyć się (na)
das können Sie gerne tun ⇨ tu: może to pani spokojnie zrobić
sowieso ⇨ tak czy inaczej
kündigen ⇨ tu: złożyć wymówienie

25 Auch Ärzte haben Sinn für Humor

I. Hören Sie sich bitte die Geschichte ein- oder zweimal an und entscheiden Sie, ob die folgenden Sätze richtig oder falsch sind.

		R	F
1.	Dr. Fischer ist kein guter Arzt.		
2.	Er hat nicht viele Patienten.		
3.	Dr. Fischer arbeitet auch an Wochenenden.		
4.	Er interessiert sich für Pflanzen.		
5.	Er wohnt im Zentrum von Hamburg.		
6.	An einem Samstag wollte Dr. Fischer Blumenerde kaufen.		
7.	Eine Kundin im Gartencenter wollte sich über ihn beschweren.		

II. Hören Sie sich die Geschichte noch einmal an und antworten Sie anschließend auf die folgenden Fragen.

Schlüsselwörter:
- die Tomatenpflanze – sadzonka pomidora
- die Blumenerde – ziemia do kwiatów
- keine Ahnung – nie mam pojęcia
- sich beschweren – skarżyć się
- kündigen – tu: złożyć wymówienie

1. Wer ist Dr. Fischer?
2. Wo wohnt er?
3. Was ist sein Spezialgebiet?
4. Was macht Dr. Fischer in seiner Freizeit?
5. Was geschah an einem Samstag im Frühjahr?
6. Wozu ist Dr. Fischer zum Gartenmarkt gefahren?
7. Was ist im Gartenmarkt passiert?

III. Hören Sie die Geschichte ein weiteres Mal, wobei Sie bitte die Aufnahme nach jedem Satz anhalten und den Satz nachsprechen. Versuchen Sie auch die Aussprache und die Betonung richtig nachzumachen.

IV. Ergänzen Sie (zuerst selbstständig) die folgenden Sätze. Falls das zu schwierig ist, wählen Sie die passenden Satzteile dafür unten aus.

1. Herr Dr. Fischer ist ein ....
2. Er hat viele Patienten und ....
3. An den meisten Tagen arbeitet er ....
4. Er hat ein Häuschen am Stadtrand und ....
5. Leider hat er nie genug Zeit, ...
6. Er zieht dann seine Gartenkleider an und ....
7. Er beschloss, schnell ....
8. Schnell stieg er ins Auto, ohne ....
9. Das ist doch unhöflich, dass ....
10. Ich gehe gleich zu Ihrem Vorgesetzten und ....

a) einen wunderschönen großen Garten.
b) widmet sich seinem Hobby.
c) hervorragender Arzt.
d) einen Sack Blumenerde aus dem Gartenmarkt zu holen.
e) Sie mir nicht helfen wollen.
f) rettet vielen Menschen das Leben.
g) im Garten zu arbeiten.
h) von früh bis abends.
i) beschwere mich über Sie.
j) sich umzuziehen.

1	2	3	4	5	6	7	8	9	10

Auch Ärzte haben Sinn für Humor

V. Ergänzen Sie die Verben mit „zu" oder ohne „zu".

1. Er hat nie genug Zeit, im Garten .... (arbeiten).
2. Er möchte mehr in seinem Garten .... (arbeiten).
3. Es ist für ihn schwer, sich seinem Hobby .... (widmen).
4. Er kann sich seinem Hobby nicht immer .... (widmen).
5. Er beschloss, einen Sack Erde aus dem Gartenmarkt .... (holen).
6. Er wollte einen Sack Erde aus dem Gartenmarkt .... (holen).
7. Schnell stieg er ins Auto, ohne sich .... (umziehen).
8. Er hatte keine Zeit, sich .... (umziehen).
9. Ich habe vor, heute .... (kündigen).
10. Ich will heute .... (kündigen).

VI. Schreiben Sie die fehlenden Wörter in die Lücken.

Herr Dr. Fischer ist ein .... Arzt. Er arbeitet in einem großen .... in Frankfurt am Main. Sein Spezialgebiet ist Hämatologie, das heißt, er beschäftigt sich mit .... Er hat sehr viele Patienten und .... vielen Menschen das .... An den meisten Tagen arbeitet er von früh bis ...., nur am .... hat er frei.

Sein Hobby sind .... Er hat ein Häuschen am .... und einen wunderschönen .... Garten. Leider hat er .... genug Zeit, im Garten zu arbeiten. Aber an den Wochenenden macht er das sehr gerne. Er zieht dann seine Gartenkleider an und .... sich seinem Hobby.

VII. Übersetzen Sie ins Deutsche.

1. Pracujemy w małej klinice we Frankfurcie nad Menem.
2. Ten lekarz zajmuje się chorobami serca.
3. W dni robocze on pracuje od rana do wieczora.
4. Oni mają dom na obrzeżach miasta.
5. Niestety nie mam czasu pracować w ogrodzie.
6. W weekendy poświęcam się swojemu hobby.
7. Pan Fischer chciał w piątek kupić ziemię do kwiatów.
8. Przepraszam, gdzie znajdę skrzynki do kwiatów?
9. Pójdziemy zaraz do pana szefa i poskarżymy się na pana.
10. Chciałem tu tak czy inaczej jutro złożyć wymówienie.

VIII. Erzählen Sie die Geschichte nach.

IX. Versetzen Sie sich in die Rolle von Herrn Dr. Fischer, der am Sonntagabend seiner Frau diese Geschichte erzählt. Sie hat über das Wochenende ihre Mutter in Bremerhaven besucht und war nicht zu Hause.

26 Der Lottoschein

Frau Weber und Frau Krause arbeiten seit vielen Jahren in demselben Büro. Sie sehen sich jeden Tag in der Arbeit und sind befreundet. Frau Weber ist 46 Jahre alt und Frau Krause ein paar Jahre älter. Sie haben ungefähr zur gleichen Zeit Geburtstag – beide im Februar. Jedes Jahr schenken sie sich gegenseitig eine Kleinigkeit. In diesem Jahr unterhielten sie sich im Januar über die kommenden Geburtstage und Frau Weber hatte die Idee, dass sie sich diesmal gegenseitig einen ausgefüllten Lottoschein schenken könnten. Frau Krause war einverstanden. Das war sicherlich interessanter als wieder eine Schachtel Pralinen oder ein kleines Parfümfläschchen.

Gesagt, getan. Frau Weber kreuzte für Frau Krause sechs Zahlen auf einem Lottoschein an und Frau Krause tat das Gleiche für Frau Weber.

Nach drei Tagen kam die Überraschung. Frau Krause gewann 380.000 Euro, Frau Weber aber nichts.

Frau Weber war sehr enttäuscht.

„Was machen wir jetzt?", fragte sie ihre Kollegin. „Das mit dem Lottoschein war doch meine Idee. Das ist doch ungerecht, dass nur du jetzt das ganze Geld bekommst."

„Warum ungerecht? Lotto ist ein Glücksspiel, da ist nichts ‚gerecht' oder ‚ungerecht'. Außerdem

26

heiratet gerade meine Tochter und sie wollen sich ein Haus bauen, da kann ich ihnen gerade sehr gut mit dem Geld helfen."

„Ja, aber ich würde mir auch gern eine Wohnung kaufen", entgegnete Frau Weber und hatte gleich einen Vorschlag: „Ich denke, wir sollten die Gewinnsumme halbieren und jede von uns sollte die Hälfte bekommen."

„Es tut mir leid, aber das war mein Lottoschein und meine Gewinnchance, so wie du es selbst wolltest."

Frau Weber und Frau Krause wurden sich nicht einig und seitdem gab es keine Diskussionen mehr über Geburtstagsgeschenke.

Die Freundschaft war endgültig zu Ende.

WÖRTER UND WENDUNGEN

befreundet sein ⇨ być zaprzyjaźnionym
ungefähr ⇨ mniej więcej
zur gleichen Zeit ⇨ w tym samym czasie
gegenseitig ⇨ wzajemnie
die Kleinigkeit, -en ⇨ drobiazg
sich unterhalten (unterhielt, unterhalten) ⇨ tu: rozmawiać
aus/füllen ⇨ wypełniać
ausgefüllter Lottoschein ⇨ wypełniony kupon totolotka
einverstanden sein ⇨ zgadzać się
die Schachtel, -n ⇨ pudełko

das Parfümfläschchen, - ⇨ buteleczka perfum
gesagt, getan ⇨ postanowione, zrobione
an/kreuzen ⇨ zaznaczyć krzyżykiem
das Gleiche ⇨ to samo
die Überraschung, -en ⇨ niespodzianka
gewinnen (gewann, gewonnen) ⇨ wygrywać
enttäuscht ⇨ rozczarowany
gerecht ⇨ sprawiedliwy
das Glücksspiel, -e ⇨ gra hazardowa
außerdem ⇨ poza tym
heiraten ⇨ brać ślub

entgegnen ⇨ odpowiedzieć, odrzec
der Vorschlag, ⸚e ⇨ propozycja
die Gewinnsumme, -n ⇨ suma wygranej
halbieren ⇨ dzielić na pół
die Hälfte, -n ⇨ połowa
die Gewinnchance, -n ⇨ szansa na wygraną
sich einig werden ⇨ dochodzić do porozumienia
seitdem ⇨ od tamtej pory
endgültig ⇨ ostatecznie
zu Ende sein ⇨ zakończyć się

26 Der Lottoschein

I. Hören Sie sich bitte die Geschichte ein- oder zweimal an und entscheiden Sie, ob die folgenden Sätze richtig oder falsch sind.

		R	F
1.	Frau Weber und Frau Krause arbeiten seit einem Jahr in demselben Büro.		
2.	Sie sind im gleichen Alter.		
3.	Sie schenken sich immer etwas zum Geburtstag.		
4.	Frau Weber hatte eine interessante Idee.		
5.	Familie Weber gewann 380.000 Euro im Lotto.		
6.	Lotto ist ein Glücksspiel.		
7.	Frau Weber war zufrieden.		
8.	Frau Krause bekam die Hälfte der Gewinnsumme.		

II. Hören Sie sich die Geschichte noch einmal an und antworten Sie anschließend auf die folgenden Fragen.

Schlüsselwörter:
- der Lottoschein – kupon totolotka
- gewinnen – wygrywać
- ungerecht – niesprawiedliwy
- enttäuscht – rozczarowany

1. Wo arbeiten Frau Weber und Frau Krause?
2. Wie alt ist Frau Weber?
3. In welchem Monat haben die beiden Frauen Geburtstag?
4. Was schenkten sie sich immer gegenseitig?
5. Welche Idee hatte Frau Weber dieses Jahr?
6. Wer und wie viel gewann dann?
7. Was hat Frau Weber vorgeschlagen?
8. Wie hat Frau Krause auf den Vorschlag reagiert?
9. Sind Frau Weber und Frau Krause immer noch befreundet?

Der Lottoschein

III. Hören Sie die Geschichte ein weiteres Mal, wobei Sie bitte die Aufnahme nach jedem Satz anhalten und den Satz nachsprechen. Versuchen Sie auch die Aussprache und die Betonung richtig nachzumachen.

IV. Ergänzen Sie (zuerst selbstständig) die folgenden Sätze. Falls das zu schwierig ist, wählen Sie die passenden Satzteile dafür unten aus.

1. Frau Weber ist 46 Jahre alt und Frau Krause ....
2. Sie haben ungefähr ....
3. Jedes Jahr schenken sie sich ....
4. Frau Weber kreuzte für Frau Krause ....
5. Frau Krause tat ....
6. Das mit dem Lottoschein ....
7. Das ist doch ungerecht, dass ....
8. Ja, aber ich würde mir auch ....
9. Wir sollten die Gewinnsumme ....

a) zur gleichen Zeit Geburtstag.
b) eine Kleinigkeit.
c) halbieren und jede von uns sollte die Hälfte bekommen.
d) das Gleiche für Frau Weber.
e) ist ein paar Jahre älter.
f) gern eine Wohnung kaufen.
g) du jetzt das ganze Geld bekommst.
h) war doch meine Idee.
i) sechs Zahlen auf einem Lottoschein an.

1	2	3	4	5	6	7	8	9

Hören – Verstehen – Sprechen

26 Der Lottoschein

V. Ergänzen Sie die passenden Wörter.

1. Sie sehen sich jeden Tag in der Arbeit und sind ....
2. Sie haben .... zur gleichen Zeit Geburtstag – beide im Februar.
3. Jedes Jahr schenken sie sich .... eine Kleinigkeit.
4. Frau Krause war ....
5. Frau Krause tat das .... für Frau Weber.
6. Frau Weber war sehr ....
7. Das ist doch ...., dass nur du jetzt das ganze Geld bekommst.
8. Ich denke, wir sollten die Gewinnsumme .... und jede von uns sollte die .... bekommen.
9. Frau Weber und Frau Krause wurden sich nicht ....
10. Die Freundschaft war .... zu Ende.

VI. Was gehört zusammen? Bilden Sie anschließend mit den entstandenen Ausdrücken eigene Sätze.

1. einverstanden ...
2. sich einig ...
3. zu Ende ...
4. befreundet ...
5. das Gleiche ...
6. einen Vorschlag ...
7. sechs Zahlen ...
8. die Summe ...
9. sich gegenseitig etwas ...

- ankreuzen
- sein
- halbieren
- werden
- sein
- tun
- haben
- schenken
- sein

Hören – Verstehen – Sprechen

VII. Übersetzen Sie ins Deutsche.

1. Pani Weber i pani Krause pracują od siedmiu lat w tym samym biurze.
2. Pani Weber ma 46 lat, a pani Krause jest kilka lat młodsza.
3. Obie panie mają urodziny w marcu.
4. Pani Krause zgodziła się natychmiast.
5. Pani Weber robiła zawsze to samo dla pani Krause.
6. Pani Krause była trochę rozczarowana.
7. Czy to jest sprawiedliwe, że teraz ty dostaniesz te wszystkie pieniądze?
8. Moja córka właśnie wychodzi za mąż i chcę jej kupić mieszkanie.
9. Powinnyśmy podzielić te pieniądze na pół.
10. Przykro mi, ale to był mój kupon totolotka.

VIII. Erzählen Sie die Geschichte nach.

IX. Versetzen Sie sich zuerst in die Rolle von Frau Krause, und dann in die Rolle von Frau Weber und erzählen Sie diese Geschichte aus ihren Perspektiven.

27 Ist Hering kein Fisch?

In Frankfurt am Main im Bankenbezirk gibt es ein außergewöhnliches Restaurant. Es heißt „Das Pünktliche" und sein Konzept besteht darin, dass die Bankangestellten, die früh zur Arbeit gehen, ihr Essen für eine genaue Uhrzeit vorbestellen können. Die Gäste bekommen dann ihre Bestellung pünktlich in der Mittagspause oder nach der Arbeit, ohne darauf warten zu müssen.

Ein Arbeitskollege empfahl Herrn Fisch dieses Restaurant und so ging er eines Tages vor der Arbeit hinein, um etwas zu bestellen.

„Mein Name ist Fisch", sagte er „und ich möchte ein Steak mit Beilagen für 13.30 Uhr bestellen."

„Gern, Ihre Bestellung hat die Nummer 147, vielen Dank", sagte der Praktikant, der aus Versehen den Nachnamen in der Rubrik Hauptgerichte notierte.

Gegen 13 Uhr fragte der Koch aus der Küche: „Was ist mit der Bestellung Nr. 147? Hier steht nur ‚Fisch'. Was soll ich denn zubereiten?"

„Am besten den Hering, der wird dem Gast bestimmt schmecken", rief ein Kellner.

Pünktlich um 13.30 Uhr kam Herr Fisch ins Restaurant und bekam sofort seine Bestellung Nr. 147. „Was ist das denn?", fragte er, „das ist doch kein Steak und ich habe ein Steak bestellt!"

27

„Ich werde das sofort klären", antwortete der Kellner und ging in die Küche. Dort fragte er den Koch: „Was ist mit dem Gast mit der Bestellung 147? Er sagt, er hat ein Steak bestellt."

„Ach, das war wohl sein Nachname! Unser Praktikant hat es bestimmt falsch notiert. Der Kunde wollte gar keinen Hering, er hieß nur so. Bring ihm ein Steak an den Tisch, so wie er wollte."

Der Kellner brachte dem Gast ein Steak und entschuldigte sich für das Missverständnis.

Herr Fisch aß sein Steak.

Am nächsten Tag kam Herr Fisch wieder vor der Arbeit in das Restaurant.

„Ach, schönen guten Tag, Herr Hering", begrüßte ihn der Kellner.

„Ich heiße Fisch", korrigierte ihn Herr Fisch verärgert.

„Ist denn ein Hering kein Fisch?", fragte der Kellner verwundert.

WÖRTER UND WENDUNGEN

der Bezirk, -e ⇨ tu: dzielnica
außergewöhnlich ⇨ wyjątkowy
bestehen (bestand, bestanden) in D ⇨ polegać na czymś
das besteht darin, dass ⇨ to polega na tym, że...
der Angestellte, -n ⇨ zatrudniony
der Nachname, -n ⇨ nazwisko
vor/bestellen ⇨ zamówić z wyprzedzeniem
empfehlen (empfahl, empfohlen) ⇨ polecać
die Beilage, -n ⇨ dodatek
das Hauptgericht, -e ⇨ danie główne
aus Versehen ⇨ przez pomyłkę
zu/bereiten ⇨ przyrządzać
der Hering, -e ⇨ śledź
klären ⇨ wyjaśniać
das Missverständnis, -e ⇨ nieporozumienie
verärgert ⇨ rozzłoszczony
verwundert ⇨ zdziwiony

27 Ist Hering kein Fisch?

I. Hören Sie sich bitte die Geschichte ein- oder zweimal an und entscheiden Sie, ob die folgenden Sätze richtig oder falsch sind.

		R	F
1.	Herr Fisch arbeitet bei einer Bank.		
2.	Im Restaurant „Das Pünktliche" brauchen die Gäste auf das Essen nicht zu warten.		
3.	Eine Kollegin empfahl Herrn Fisch dieses Restaurant.		
4.	Herr Fisch hat ein Essen für 13 Uhr vorbestellt.		
5.	Herr Fisch bekam das Steak sofort.		
6.	Der Praktikant hat den Kundennamen falsch notiert.		
7.	Herr Fisch bekam einen Hering.		
8.	Am nächsten Tag gab es wieder ein Missverständnis.		

II. Hören Sie sich die Geschichte noch einmal an und antworten Sie anschließend auf die folgenden Fragen.

Schlüsselwörter:
- der Hering – śledź
- vorbestellen – zamówić z wyprzedzeniem
- der Nachname – nazwisko
- die Beilage – dodatek

1. Wo befindet sich das Restaurant „Das Pünktliche"?
2. Warum ist dieses Restaurant außergewöhnlich?
3. Wer sind die häufigsten Gäste dieses Restaurants und warum?
4. Was hat Herr Fisch in diesem Restaurant vorbestellt?
5. Was hat er dann bekommen?
6. Warum bekam er ein anderes Gericht, als er bestellt hatte?
7. Hat er dann doch noch ein Steak bekommen?
8. Warum gab es auch am nächsten Tag ein Missverständnis?

III. Hören Sie die Geschichte ein weiteres Mal, wobei Sie bitte die Aufnahme nach jedem Satz anhalten und den Satz nachsprechen. Versuchen Sie auch die Aussprache und die Betonung richtig nachzumachen.

IV. Ergänzen Sie (zuerst selbstständig) die folgenden Sätze. Falls das zu schwierig ist, suchen Sie die passenden Satzteile dafür unten aus.

1. In Frankfurt am Main im Bankenbezirk ....
2. Das Konzept besteht darin, dass ....
3. Er ging eines Tages vor der Arbeit hinein, ...
4. Ich möchte ein Steak mit ....
5. Das ist doch kein Steak und ....
6. Der Kunde wollte gar keinen Fisch, ...
7. Der Kellner brachte dem Gast ein Steak und ....
8. Am nächsten Tag kam Herr Fisch wieder ....

a) um etwas zu bestellen.
b) ich habe ein Steak bestellt!
c) vor der Arbeit in das Restaurant.
d) entschuldigte sich für das Missverständnis.
e) die Bankangestellten ihr Essen für eine genaue Uhrzeit vorbestellen können.
f) er hieß nur so.
g) Beilagen für 13.30 Uhr bestellen.
h) gibt es ein außergewöhnliches Restaurant.

1	2	3	4	5	6	7	8

27 Ist Hering kein Fisch?

V. Bilden Sie Sätze in Futur I (mit dem Hilfsverb „werden") aus folgenden Wörtern. Fangen Sie mit dem ersten Wort an.

1. heute, ein Fisch, bestellen, ich
2. er, das Missverständnis, klären, gleich
3. morgen, früher, sie (Sg.), zur Arbeit, gehen
4. ich, der Koch, später, fragen
5. gern, essen, ein Steak, wir,
6. der Koch, der Hering, zubereiten, schnell
7. ich, bringen, der Gast, das Hauptgericht, sofort,
8. in diesem Restaurant, nie wieder, bestellen, etwas, Herr Fisch

VI. Wie lautet die richtige Verbform?

1. In Frankfurt am Main im Bankenbezirk .... (geben) es ein außergewöhnliches Restaurant.
2. Das Konzept .... (bestehen) darin, dass die Bankangestellten ihr Essen für eine genaue Uhrzeit .... (vorbestellen) können.
3. Ein Arbeitskollege .... (empfehlen) Herrn Fisch dieses Restaurant und so .... (gehen) er eines Tages hinein.
4. Pünktlich um 13.30 Uhr .... (kommen) Herr Fisch ins Restaurant und .... (bekommen) sofort seine Bestellung.
5. „Ich .... (werden) es gleich klären", ... (antworten) der Kellner und .... (gehen) in die Küche.
6. Der Kellner .... (bringen) dem Gast ein Steak und .... (entschuldigen) sich für das Missverständnis.
7. Herr Fisch .... (essen) sein Steak.

VII. Übersetzen Sie ins Deutsche.

1. W tej dzielnicy we Frankfurcie nad Menem znajduje się pewna niezwykła restauracja.
2. Pomysł polega na tym, że można zamówić jedzenie z wyprzedzeniem.
3. Goście nie muszą czekać na jedzenie.
4. Kolega z pracy polecił panu Fischowi tę restaurację.
5. Chciałbym zamówić rybę z dodatkami.
6. Przez pomyłkę praktykant błędnie zanotował nazwisko.
7. Przecież to nie jest stek, a ja zamówiłem stek!
8. Zaraz to wyjaśnię.
9. Kelner przeprosił go za małe nieporozumienie.
10. Czy śledź to nie ryba?

VIII. Erzählen Sie die Geschichte nach.

IX. Versetzen Sie sich in die Rolle von Herrn Fisch, der seinem Arbeitskollegen diese Geschichte erzählt.

28 Der Katastrophentag

Max Bergmann war beruflich eine Woche in London. Er nahm an einer großen Konferenz teil. Am zweiten Tag der Konferenz sollte er eine wichtige Präsentation über seine Firma zeigen und war sehr aufgeregt, vor so vielen Menschen zu sprechen. Max war schon immer schüchtern und zurückhaltend.

Am Abend vor seiner Präsentation suchte er sich seine Kleidung für den nächsten Tag aus und hängte sie sorgfältig auf einen Kleiderbügel in seinem Hotelzimmer. Seine Notizen ging er zehnmal durch und übte sogar vor dem Spiegel. Er war schon besorgt, nicht schlafen zu können, doch nach dem ersten Tag in London war er so müde, dass er die ganze Nacht durchschlief.

Der Morgen begann damit, dass sein Wecker nicht klingelte – der Handy-Akku war leer. Max Bergmann wurde eine halbe Stunde zu spät wach und musste sich nun richtig beeilen. „Verdammt", fluchte er. „Warum muss so etwas ausgerechnet heute passieren?" Im Bad stellte er fest, dass seine Zahnpasta verschwunden war – da er keine Zeit hatte, an der Rezeption nach einer neuen Tube zu fragen, lutschte er in der Eile ein scharfes Minzbonbon. Als er hektisch in seine frische Hose hineinschlüpfte, passierte das Schlimmste: sie zerriss! Max war nun völlig am Ende mit den Nerven. Noch dazu regnete es draußen in Strömen und er hatte keinen Regenschirm dabei. Schnell entschied er sich, seine Sachen vom Tag zuvor anzuziehen, sprühte sich mit Deo ein, nahm seine Tasche und rannte zum Bus – der ihm natürlich direkt vor der Nase wegfuhr. Im strömenden Regen stand Max an der Haltestelle, blickte auf die Uhr und wusste, dass er es nicht mehr pünktlich schaffen würde. Er holte sein Handy, das mittlerweile wieder ein bisschen Akku hatte, aus der Tasche und sah eine neue E-Mail: Aus organisatorischen Gründen wurde die Präsentation abgesagt und auf den nächsten Tag verschoben.

WÖRTER UND WENDUNGEN

beruflich ⇨ służbowo
teil/nehmen (nahm teil, teilgenommen) an D ⇨ brać udział
der Vortrag, ¨-e ⇨ prezentacja
aufgeregt ⇨ zdenerwowany
schüchtern ⇨ nieśmiały
zurückhaltend ⇨ powściągliwy, ostrożny
die Kleidung ⇨ ubranie
sorgfältig ⇨ starannie, dokładnie
hin/legen ⇨ położyć
der Kleiderbügel, - ⇨ wieszak
durch/gehen (ging durch, durchgegangen s.) ⇨ tu: przeglądać
der Spiegel, - ⇨ lustro
besorgt ⇨ zmartwiony
durch/schlafen (schlief durch, durchgeschlafen) ⇨ przespać
der Handy-Akku, -s ⇨ bateria w komórce
wach werden ⇨ obudzić się
sich beeilen ⇨ śpieszyć się
fluchen ⇨ kląć
ausgerechnet ⇨ akurat, właśnie
fest/stellen ⇨ stwierdzić
verschwinden (verschwand, verschwunden s.) ⇨ znikać

lutschen ⇨ ssać
die Eile ⇨ pośpiech
scharf ⇨ ostry
das (Minz)bonbon ⇨ cukierek (miętowy)
hektisch ⇨ pospiesznie
hinein/schlüpfen ⇨ wskoczyć (tu: w spodnie)
zerreißen (zerriss, zerrissen) ⇨ rozerwać
mit den Nerven am Ende sein ⇨ być wykończonym nerwowo
in Strömen regnen ⇨ lać jak z cebra
der Regenschirm, -e ⇨ parasol
sich entscheiden (entschied, entschieden) ⇨ zdecydować się
am Tag zuvor ⇨ dzień wcześniej
sich ein/sprühen ⇨ spryskiwać się
das Deo, -s ⇨ dezodorant
vor der Nase weg/fahren (fuhr weg, weggefahren s.) ⇨ odjechać sprzed nosa
die Haltestelle, -n ⇨ przystanek
mittlerweile ⇨ tymczasem
aus organisatorischen Gründen ⇨ z powodów organizacyjnych
ab/sagen ⇨ odwołać
verschieben (verschob, verschoben) ⇨ przekładać

Der Katastrophentag 28

I. Hören Sie sich bitte die Geschichte ein- oder zweimal an und entscheiden Sie, ob die folgenden Sätze richtig oder falsch sind.

		R	F
1.	Max machte Urlaub in London.		
2.	Max hat es nie gemocht, vor vielen Menschen zu sprechen.		
3.	Max bereitete sich gut auf seine Präsentation vor.		
4.	Max konnte in der Nacht kaum schlafen.		
5.	Max hatte nur eine Hose dabei.		
6.	Trotz der Umstände war Max entspannt.		
7.	Max wusste, dass er nicht mehr pünktlich sein kann.		
8.	Die Präsentation wurde auf den nächsten Tag verschoben.		

II. Hören Sie sich die Geschichte noch einmal an und antworten Sie anschließend auf die folgenden Fragen.

Schlüsselwörter:
- aufgeregt – zdenerwowany
- schüchtern – nieśmiały
- verschieben – przesuwać

1. Warum ist Max Bergmann in London?
2. Wie fühlt er sich vor seinem Vortrag?
3. Wie bereitet er sich auf den nächsten Tag vor?
4. Was passiert an dem Morgen, an dem er seinen Vortrag halten soll?
5. Was sieht Max auf seinem Handy, als er an der Haltestelle steht?

28 Der Katastrophentag

III. Hören Sie die Geschichte ein weiteres Mal, wobei Sie bitte die Aufnahme nach jedem Satz anhalten und den Satz nachsprechen. Versuchen Sie auch die Aussprache und die Betonung richtig nachzumachen.

IV. Ergänzen Sie (zuerst selbstständig) die folgenden Sätze. Falls das zu schwierig ist, suchen Sie die passenden Satzteile dafür unten aus.

1. Max Bergmann war beruflich ....
2. Max war schon immer ....
3. Er schlief die ganze Nacht ....
4. Warum muss so etwas ausgerechnet ....
5. Max war nun völlig ....
6. Der Bus fuhr ihm ....
7. Aus organisatorischen Gründen wurde der Vortrag ....

a) am Ende mit den Nerven.
b) heute passieren?
c) abgesagt und verschoben.
d) schüchtern und zurückhaltend.
e) eine Woche in London.
f) direkt vor der Nase weg.
g) ohne Unterbrechungen.

1	2	3	4	5	6	7

V. Setzen Sie die fehlenden Präpositionen ein.

1. Max Bergmann war ein wenig aufgeregt, ... so vielen Menschen zu sprechen.
2. Er hängte seine Kleidung sorgfältig .... einen Kleiderbügel in seinem Hotelzimmer.
3. Seine Notizen ging er zehnmal durch und übte sogar .... dem Spiegel.
4. Max hatte keine Zeit, an der Rezeption .... einer neuen Tube zu fragen.
5. Als er hektisch .... seine frische Hose hineinschlüpfte, passierte das Schlimmste: sie zerriss!
6. Max war nun völlig .... Ende .... den Nerven.
7. Schnell entschied er sich, seine Sachen .... Tag zuvor anzuziehen.
8. Der Bus fuhr ihm natürlich direkt .... der Nase weg.
9. .... strömenden Regen stand Max .... der Haltestelle und blickte .... die Uhr.
10. .... organisatorischen Gründen wurde der Vortrag abgesagt und .... den nächsten Tag verschoben.

VI. Suchen Sie das Antonym zu den folgenden Wörtern.

■ Beispiel: schüchtern ➔ *mutig*

1. wichtig – ....
2. beruflich – ....
3. aufgeregt – ....
4. sorgfältig – ....
5. müde – ....
6. leer – ....
7. spät – ....

8. scharf – ....
9. schnell – ....
10. pünktlich – ....

VII. Übersetzen Sie ins Deutsche.
1. Max Bergmann był dwa tygodnie w Wielkiej Brytanii.
2. Trzeciego dnia konferencji Max miał pokazać prezentację o swojej firmie.
3. On nigdy nie był nieśmiały.
4. Przećwiczył swoją prezentację pięć razy przed lustrem.
5. Max był bardzo zmęczony, ale mimo to nie mógł zasnąć.
6. Niestety jego budzik nie zadzwonił.
7. Dlaczego coś takiego musi się zdarzać zawsze mnie?
8. Leje jak z cebra, musimy wziąć ze sobą parasol.
9. Z powodów organizacyjnych konferencja została odwołana.

VIII. Erzählen Sie die Geschichte nach.

IX. Versetzen Sie sich in die Rolle von Herrn Bergmann, der seiner Schwester diese Geschichte erzählt.

Der Katastrophentag

29 Die kluge Frau Zauberstein

"Wer seine Zukunft kennen lernen will, der sollte sofort zu Frau Zauberstein kommen", rief ein elegant gekleideter Herr vor einem bunten Zelt. "Frau Zauberstein weiß alles und sagt Ihnen, was Ihnen die Zukunft bringt."
Ein junger Mann trat ins Zelt ein. "Bitte Ihre linke Hand!", sagte Frau Zauberstein und begann aus der Hand zu lesen. "Sie werden viel Glück im Leben haben. Ihr Chef ist mit Ihnen sehr zufrieden, deshalb können Sie noch in diesem Jahr mit einer großen Gehaltserhöhung rechnen. Ihren Urlaub werden Sie an der französischen Riviera verbringen und dort ein hübsches und reiches Mädchen aus gutem Hause mit einem teuren Auto kennen lernen. Kurz danach werden Sie sie auch heiraten. Sie werden bald auch viel Geld im Lotto gewinnen. Sie werden ..."
"Danke, danke, das genügt", unterbrach sie der junge Mann. "Und vielen Dank. Auf Wiedersehen!"

29

„Einen Moment bitte, ich bekomme von Ihnen 10 Mark", rief Frau Zauberstein.

„Zehn Mark?", sagte der junge Mann verwundert. „Der Herr vor dem Zelt sagte doch, dass Sie alles wissen. Sehen Sie, Sie haben aber nicht gewusst, dass ich erstens: schon lange arbeitslos bin, also keinen Chef habe, der mit mir sehr zufrieden ist, daher auch keine Gehaltserhöhung erwarten kann. Zweitens werde ich nicht an die französische Riviera in Urlaub fahren, weil ich als Arbeitsloser jeden Tag Urlaub habe. Drittens bin ich schon seit fünf Jahren verheiratet und meine Frau hat kein teures Auto, sondern ein altes Fahrrad, und viertens habe ich keinen Pfennig mehr in der Tasche. Ihre zehn Mark bekommen Sie natürlich, sobald ich das große Los in der Lotterie gewonnen habe. Geben Sie mir bitte Ihre Adresse!"

WÖRTER UND WENDUNGEN

die Zukunft ⇨ przyszłość
kennen lernen (lernte kennen, kennen gelernt) ⇨ poznać
gekleidet ⇨ ubrany
das Zelt, -e ⇨ namiot
die Gehaltserhöhung, -en ⇨ podwyżka pensji
rechnen (mit) ⇨ liczyć się (z)
heiraten ⇨ tu: ożenić się

gewinnen (gewann, gewonnen) ⇨ wygrać
genügen ⇨ wystarczać
j-n unterbrechen (unterbrach, unterbrochen) ⇨ przerywać komuś
verwundert ⇨ zdziwiony
arbeitslos ⇨ bezrobotny
sobald ⇨ jak tylko

29 Die kluge Frau Zauberstein

I. Hören Sie sich bitte die Geschichte ein- oder zweimal an und entscheiden Sie anschließend, ob die folgenden Sätze richtig oder falsch sind.

		R	F
1.	Vor einem Zelt stand ein elegant gekleideter Herr und las den neugierigen Leuten aus der Hand.		
2.	Als ein junger Mann ins Zelt eintrat, ließ sich Frau Zauberstein zehn Mark geben und begann gleich, ihm seine Zukunft aus der Hand zu lesen.		
3.	Der junge Mann erfuhr unter anderem, dass er bald arbeitslos würde.		
4.	Er gab der Wahrsagerin (wróżce) kein Geld, weil sie nicht gewusst hatte, dass er arbeitslos und schon seit fünf Jahren verheiratet war.		
5.	Die Frau des jungen Mannes hat ein altes Auto.		
6.	Der junge Mann versprach Frau Zauberstein zum Abschied, ihr die zehn Mark zu geben, sobald er das große Los in der Lotterie gewinne.		

II. Hören Sie sich die Geschichte nochmals an und beantworten Sie dann die folgenden Fragen.

Schlüsselwörter:

- die Zukunft – przyszłość
- das Zelt – namiot
- die Gehaltserhöhung – podwyżka pensji

1. Was machte ein elegant gekleideter Mann vor einem bunten Zelt?
2. Was passierte, als ein junger Mann ins Zelt eintrat?
3. Wie sollte nach den Worten von Frau Zauberstein die nächste Zukunft des jungen Mannes aussehen?
4. Warum wollte der junge Mann Frau Zauberstein die zehn Mark nicht geben?
5. Was versprach der junge Mann zum Abschied?

III. Hören Sie die Geschichte ein weiteres Mal, wobei Sie bitte die Aufnahme nach jedem Satz anhalten und den Satz nachsprechen. Achten Sie dabei auf die richtige Aussprache und die Betonung.

IV. Wie lautet die richtige Form der Wörter in den Klammern?

1. Vor einem .... (bunt) Zelt stand ein elegant .... (gekleidet) Mann.
2. Dieser Mann sagte: „Frau Zauberstein .... (wissen) alles, was .... (Sie) die Zukunft bringt."
3. Ein .... (jung) Mann .... (treten) ins Zelt ein.
4. Frau Zauberstein .... (beginnen) aus der Hand .... (lesen).
5. Sie sagte unter anderem: „Sie können noch in .... (dieses Jahr) mit einer .... (groß) Gehaltserhöhung rechnen."
6. „An der .... (französisch) Riviera werden Sie ein .... (reich) Mädchen aus .... (gut) Hause kennen lernen."
7. Der .... (jung) Mann .... (unterbrechen) die Frau und hatte keine Lust mehr, solche Dummheiten .... (hören).
8. Er sagte unter anderem: „Meine Frau hat kein .... (teuer) Auto, sondern ein .... (alt) Fahrrad. Ihre zehn Mark bekommen Sie natürlich, sobald ich das .... (groß) Los in der Lotterie .... (gewinnen) habe."

Die kluge Frau Zauberstein

V. Finden Sie im Text Antonyme zu folgenden Wörtern.

1. gehen ....
2. einfarbig ....
3. die Vergangenheit ....
4. nichts ....
5. beenden ....
6. hässlich ....
7. arm ....
8. billig ....
9. ledig ....
10. verlieren ....
11. (fest) angestellt ....
12. alt ....

VI. Übersetzen Sie ins Deutsche.

1. Chciałbym poznać swoją przyszłość.
2. Ona panu powie, na co może pan liczyć w najbliższej przyszłości.
3. Otrzyma pan jeszcze w tym roku dużą podwyżkę pensji.
4. Chciałbym w tym roku spędzić urlop na Riwierze Francuskiej.
5. Jako bezrobotny każdego dnia mam urlop.
6. Pani otrzyma swoje dziesięć marek, jak tylko wygram duży los na loterii.

VII. Versetzen Sie sich in die Rolle des jungen Mannes, der seinem Freund erzählt, was für ein Gespräch er mit Frau Zauberstein geführt hat.

Die kluge Frau Zauberstein

30 Eine Bäuerin vor Gericht

Kurz vor dem Zweiten Weltkrieg fand im Amtsgericht einer norddeutschen Kleinstadt ein Strafprozess gegen eine alte Bäuerin statt, die wegen Betrugs vor Gericht stand.

Die alte Frau machte einen guten Eindruck. Ihr schon etwas faltiges Gesicht war klar und offen.

„Sie sind wegen wiederholten Betrugs angeklagt", wandte sich der Richter an die Bäuerin.

„Sie haben aus der Anklageschrift des Herrn Staatsanwalts soeben erfahren, dass Sie seit längerer Zeit dem Bäckermeister Weber statt der bezahlten zwei Pfund Butter täglich nur eindreiviertel Pfund geliefert haben sollen. Was haben Sie dazu zu sagen?"

„Das stimmt gar nicht. Das ist eine Lüge!", erwiderte die Bäuerin, ohne Verlegenheit zu zeigen. „Ich habe die Butter immer ganz genau abgewogen."

„Haben Sie denn überhaupt eine Waage zu Hause?", fragte der Richter.

„Ja, natürlich habe ich eine, fast ganz neu", sagte die Angeklagte mit leichtem Stolz.
„Haben Sie auch vorschriftsmäßige Gewichte?"
„Ja, die hatte ich auch. Aber mein jüngster Enkel hat sie beim Spielen verlegt oder vielleicht im Garten verloren. Jedenfalls konnte ich sie nicht mehr wiederfinden."
„Trotzdem behaupten Sie, die Butter immer sorgfältig abgewogen zu haben?"
„Ja, ganz sorgfältig, Herr Vorsitzender."
„Das müssen Sie dem Gericht aber einmal ganz genau erklären. Wie haben Sie das gemacht?"
„Ja, das ist so gewesen: Ich kaufe mein Brot schon seit vielen Jahren vom Bäckermeister Weber … ."
„Bleiben Sie bei der Sache! Wir sprechen jetzt über Butter und nicht über Brot", sagte der Richter etwas ungeduldig.
„Aber verstehen Sie doch, Herr Vorsitzender", erwiderte die Bäuerin, die sich nicht aus der Ruhe bringen ließ. „Ich kaufe jeden Tag bei demselben Bäcker, der mir die Butter abnimmt, ein Schwarzbrot von zwei Pfund. Ich habe immer das zweipfundschwere Brot in die andere Waagschale gelegt. So musste das Gewicht der Butter ganz genau stimmen, oder das Brot war zu leicht."
Mit diesen Worten zog die Angeklagte als Beweis ein Brot aus der Handtasche und gab es dem Richter. Schnell wurde auch eine Waage herbeigeholt

und das Brot gewogen. Jetzt sahen alle Leute, dass das Brot 125 Gramm zu leicht war. Alle lachten, weil der Bäcker sich selbst betrogen hatte. Die Bäuerin wurde freigesprochen.

WÖRTER UND WENDUNGEN

die Bäuerin, -nen ⇨ wieśniaczka
das Gericht, -e ⇨ sąd
das Amtsgericht, -e ⇨ sąd okręgowy
der Strafprozess, -e ⇨ proces karny
wegen Betrugs ⇨ z powodu oszustwa
der Eindruck, ⸚e ⇨ wrażenie
faltig ⇨ pomarszczony
angeklagt sein ⇨ być oskarżonym
sich wenden (wandte, gewandt) (an A) ⇨ zwracać się (do)
der Richter, - ⇨ sędzia
die Anklageschrift, -en ⇨ akt oskarżenia
der Staatsanwalt, ⸚e ⇨ prokurator
soeben ⇨ dopiero co
erfahren (erfuhr, erfahren) ⇨ dowiedzieć się
der Bäcker, - ⇨ piekarz
liefern ⇨ dostarczać
die Lüge, -n ⇨ kłamstwo
erwidern ⇨ odrzec

die Verlegenheit ⇨ zakłopotanie
ab/wiegen (wog ab, abgewogen) ⇨ odważyć (coś)
die Waage, -n ⇨ waga
die Angeklagte, -n ⇨ oskarżona
der Stolz ⇨ duma
vorschriftsmäßig ⇨ przepisowy
das Gewicht, -e ⇨ tu: odważnik
der Enkel, - ⇨ wnuczek
verlegen ⇨ tu: zapodziać
behaupten ⇨ twierdzić
sorgfältig ⇨ sumienny, troskliwy
der Vorsitzende, -n ⇨ przewodniczący
sich nicht aus der Ruhe bringen lassen ⇨ nie dać się wyprowadzić z równowagi
ab/nehmen (nahm ab, abgenommen) ⇨ odbierać
die Waagschale, -n ⇨ szalka wagi
stimmen ⇨ tu: zgadzać się
herbei/holen ⇨ przynieść, sprowadzić
betrügen (betrog, betrogen) ⇨ oszukać
frei/sprechen (sprach frei, freigesprochen) ⇨ uniewinnić

Eine Bäuerin vor Gericht

I. Hören Sie sich bitte die Geschichte ein- oder zweimal an und entscheiden Sie anschließend, ob die folgenden Sätze richtig oder falsch sind.

		R	F
1.	Die Geschichte handelt von einer alten Frau, die eines Tages vor Gericht stand, weil sie viele Leute betrogen hatte (*oszukała*).		
2.	Die Bäuerin hat jeden Tag einem Bäcker namens Weber Brot verkauft.		
3.	Die Frau behauptete, dass sie die Butter immer ganz genau auf einer Waage abgewogen hatte.		
4.	Der Bäckermeister Weber hat der alten Bäuerin jeden Tag ein Schwarzbrot verkauft, das zwei Pfund schwer sein sollte.		
5.	Da die Bäuerin keine Gewichte hatte, legte sie immer ihre Butter in die eine Waagschale und das Brot in die andere. So glaubte sie, sicher zu sein, dass ihre Butter genau zwei Pfund wog.		
6.	Der Bäckermeister hat sich selbst betrogen, weil sein Brot 125 Gramm zu leicht war. Deshalb musste er für ein Jahr ins Gefängnis.		
7.	Die alte Bäuerin wurde ausgelacht, weil sie eine alte Waage in den Gerichtssaal mitgebracht hatte.		

II. Hören Sie sich die Geschichte nochmals an und beantworten Sie dann die folgenden Fragen.

Schlüsselwörter:
- das Gericht – sąd
- der Betrug – oszustwo
- an/klagen – oskarżać
- der Staatsanwalt – prokurator
- ab/wiegen – (od)ważyć coś

1. Warum stand die alte Bäuerin vor Gericht?
2. Was für einen Eindruck machte die alte Frau?

Eine Bäuerin vor Gericht

3. Wie reagierte die Bäuerin auf die Anklageschrift des Staatsanwalts?
4. Welche Frage stellte der Staatsanwalt der alten Frau?
5. Warum konnte die Bäuerin die Gewichte nicht wiederfinden?
6. Auf welche Weise hat die Frau ihre Butter abgewogen?
7. Was hat sie zum Beweis mitgebracht?
8. Was hat sich zum Schluss erwiesen?

III. Hören Sie die Geschichte ein weiteres Mal, wobei Sie bitte die Aufnahme nach jedem Satz anhalten und den Satz nachsprechen. Achten Sie dabei auf die richtige Aussprache und die Betonung.

IV. Wie lauten die im Text vorkommenden Substantive, die von folgenden Verben, Adjektiven bzw. Ausdrücken gebildet wurden?

1. betrügen ....
2. anklagen ....
3. schreiben ....
4. backen ....
5. lügen ....
6. verlegen (Adj.) ....
7. wiegen ....
8. stolz (Adj.) ....
9. den Vorsitz haben ....
10. beweisen ....

V. Wie lauten die im Text vorkommenden Adjektive, die von folgenden Substantiven gebildet wurden?

1. die Falte ....
2. der Tag ....
3. die Natur ....
4. die Ungeduld ....
5. die Vorschrift ....
6. die Sorgfalt ....

VI. Was gehört zusammen? Bilden Sie anschließend mit den entstandenen Ausdrücken eigene Sätze.

1. vor Gericht ....   a) lassen
2. einen guten Eindruck ....   b) bleiben
3. bei der Sache ....   c) machen
4. sich nicht aus der Ruhe bringen ....   d) stehen

VII. Ergänzen Sie die passenden Präpositionen.

1. Im Amtsgericht einer kleinen Stadt fand ein Strafprozess .... eine alte Bäuerin statt, die .... Betrugs .... Gericht stand.
2. Der Richter wandte sich .... die Bäuerin.
3. Stimmt es, dass Sie .... längerer Zeit dem Bäcker .... der bezahlten zwei Pfund Butter nur eindreiviertel Pfund geliefert haben?
4. Bleiben Sie .... der Sache! Wir sprechen jetzt .... Butter und nicht .... Brot.
5. Die Bäuerin ließ sich nicht .... der Ruhe bringen.
6. Die Bäuerin kaufte jeden Tag .... demselben Bäcker ein Schwarzbrot .... zwei Pfund.
7. Sie hat immer das Brot .... die andere Waagschale gelegt.
8. .... diesen Worten zog die Angeklagte als Beweis ein Brot .... der Handtasche und gab es dem Richter.

30 Eine Bäuerin vor Gericht

VIII. Lösen Sie das Kreuzworträtsel mit dem Miniwortschatz zum Strafprozess. Wie heißt das Stichwort (8 senkrecht)?

WAAGERECHT:
1. Eine alte Bäuerin stand einmal vor................., weil sie angeblich einen Bäcker betrogen hatte.
2. Um einen Angeklagten zu verurteilen (*skazać*), braucht das Gericht ....
3. Der Richter hat der Bäuerin zuerst die .... vorgelesen.
4. Die Bäuerin hat ...., dass sie die Butter immer sorgfältig abgewogen hatte.
5. Die Bäuerin stand wegen .... vor Gericht.
6. Auf die Frage des Richters nach einer Waage antwortete die ....: „Natürlich habe ich eine."
7. Das Gericht musste die Bäuerin ...., weil sie völlig unschuldig war.

SENKRECHT:
8. ....?

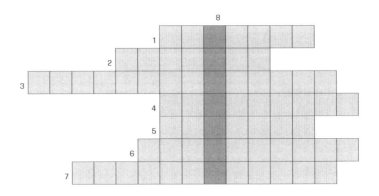

Hören – Verstehen – Sprechen

IX. Übersetzen Sie ins Deutsche.

1. Wieśniaczka, która została oskarżona z powodu oszustwa, sprawiała dobre wrażenie.
2. Czy pani codziennie dostarczała piekarzowi kilogram masła?
3. Ważyłam masło zawsze bardzo dokładnie.
4. Mój najmłodszy wnuczek zgubił odważniki.
5. Stara kobieta nie dała się wyprowadzić z równowagi.
6. Jako dowód oskarżona wyciągnęła chleb z torebki i położyła go na szalce wagi.
7. Piekarz sam się oszukał, a wieśniaczka została uniewinniona.

X. Erzählen Sie die Geschichte nach.

XI. Versetzen Sie sich in die Rolle der Bäuerin, die diese Geschichte ihrer Nachbarin erzählt.

31 Die Sparbüchse

Die sechsjährige Kati war Anfang September bei ihrer Oma zu Besuch. Bald sollte sie in die Schule gehen und aus diesem Anlass bekam sie von ihrer Oma 2 Euro für ein Eis. Darüber freute sie sich sehr. Am Nachmittag sollte die ganze Familie Eis essen gehen.

Kati lag auf dem Fußboden und sah sich eine Kindersendung im Fernsehen an. Dabei spielte sie mit dem 2-Euro-Stück. Plötzlich begann sie zu weinen.

„Warum weinst du?", fragte ihre Mutter besorgt.

„Weil das Geld weg ist!", schluchzte Kati.

„Wie – weg? Wo ist es denn?"

„Ich glaube, ich habe es aus Versehen verschluckt!"

„Oh mein Gott!", rief die Mutter. „Wir müssen sofort zum Arzt!"

Der Arzt sagte, die Eltern sollten nun drei Tage beobachten, ob das Geldstück wieder auftauchen würde. Falls nicht, sollten sie mit ihr am vierten Tag wiederkommen.

Am vierten Tag ging die Mutter mit Kati wieder zum Arzt. Es wurde eine Röntgenuntersuchung gemacht. Auf dem Bild war das Geldstück in Katis Bauch deutlich zu sehen.
„Ich gebe Ihnen eine Überweisung ins Krankenhaus", sagte die Kinderärztin. „Dort wird Kati operiert, offensichtlich geht es nicht anders."
Besorgt gingen sie nach Hause. Die Mutter kochte ein leckeres Mittagessen, damit Kati noch vor der Operation etwas ordentlich zu sich nahm. Am nächsten Tag fuhr die Mutter mit ihrer Tochter früh ins Krankenhaus. Sie mussten dort lange warten. Vor der Operation musste Kati noch auf die Toilette. Endlich wurde sie aufgerufen. Sie legte sich auf den Operationstisch und ein Röntgenapparat wurde über ihr eingeschaltet.
„Wo ist die Münze?" fragte der Arzt. „Ich sehe hier nichts!"
Anscheinend war die Münze tatsächlich bei dem letzten Toilettengang aus Kati herausgefallen.
Seit diesem Vorfall sind einige Jahre vergangen, aber Kati wird von ihrer Familie manchmal immer noch scherzhaft „Sparbüchse" genannt.

31

WÖRTER UND WENDUNGEN

die Sparbüchse, -n ⇨ skarbonka
aus diesem Anlass ⇨ z tej okazji
der Fußboden, ¨ ⇨ podłoga
die Kindersendung, -en ⇨ audycja dla dzieci
plötzlich ⇨ nagle
weinen ⇨ płakać
besorgt ⇨ zatroskany
schluchzen ⇨ szlochać
aus Versehen ⇨ przez pomyłkę
verschlucken ⇨ połknąć
rufen (rief, gerufen) ⇨ wołać
das Geldstück, -e ⇨ moneta
beobachten ⇨ obserwować
auf/tauchen ⇨ pojawiać się
die Röntgenuntersuchung, -en ⇨ prześwietlenie

der Bauch, ¨e ⇨ brzuch
die Überweisung, -en ⇨ tu: skierowanie
offensichtlich ⇨ najwyraźniej
lecker ⇨ smakowity, pyszny
ordentlich ⇨ porządnie
endlich ⇨ wreszcie
j-n auf/rufen (rief auf, aufgerufen) ⇨ tu: wywoływać kogoś
ein/schalten ⇨ włączać
die Münze, -n ⇨ moneta
tatsächlich ⇨ rzeczywiście
anscheinend ⇨ widocznie
der Toilettengang ⇨ „wizyta" w toalecie
heraus/fallen (fiel heraus, herausgefallen s.) ⇨ wypadać
der Vorfall, ¨e ⇨ zajście
scherzhaft ⇨ żartobliwy
nennen (nannte, genannt) ⇨ nazywać

Die Sparbüchse 31

I. Hören Sie sich bitte die Geschichte ein- oder zweimal an und entscheiden Sie, ob die folgenden Sätze richtig oder falsch sind.

		R	F
1.	Kati bekam von ihrer Oma 2 Euro zum Schulanfang.		
2.	Sie hat das Geldstück aus Versehen verloren.		
3.	Katis Vater ist mit ihr sofort zum Arzt gefahren.		
4.	Kati sollte vier Tage beobachtet werden.		
5.	Katis Mutter kochte ein leckeres Mittagessen.		
6.	Kati musste ins Krankenhaus gefahren werden.		
7.	Sie hatte eine Operation.		
8.	Kati wird von der Familie „Sparbüchse" genannt.		

II. Hören Sie sich die Geschichte noch einmal an und antworten Sie anschließend auf die folgenden Fragen.

Schlüsselwörter:
- die Sparbüchse – skarbonka
- das Geldstück – moneta
- die Münze – moneta
- aus Versehen – tu: niechcący
- verschlucken – połykać

1. Aus welchem Anlass bekam Kati 2 Euro?
2. Warum weinte Kati plötzlich?
3. Wie reagierte die Mutter auf das Problem?
4. Was hat der Arzt geraten?
5. Welche Untersuchung wurde bei Kati durchgeführt?
6. Was passierte am Tag der geplanten Operation?
7. Warum wird Kati in der Familie „Sparbüchse" genannt?

Die Sparbüchse

III. Hören Sie die Geschichte ein weiteres Mal, wobei Sie bitte die Aufnahme nach jedem Satz anhalten und den Satz nachsprechen. Versuchen Sie auch die Aussprache und die Betonung richtig nachzumachen.

IV. Ergänzen Sie (zuerst selbstständig) die folgenden Sätze. Falls das zu schwierig ist, wählen Sie die passenden Satzteile dafür unten aus.

1. Die sechsjährige Kati war Anfang ....
2. Bald sollte Kati in die Schule gehen und aus ....
3. Am Nachmittag sollte ....
4. Plötzlich begann sie ....
5. Ich glaube, ich habe es ....
6. Die Mutter kochte ein leckeres Mittagessen, ...
7. Auf dem Bild war das Geldstück in Katis Bauch ....
8. Seit diesem Vorfall sind einige Jahre vergangen, aber Kati ......

a) diesem Anlass bekam sie von ihrer Oma 2 Euro für ein Eis.
b) zu weinen.
c) September bei ihrer Oma zu Besuch.
d) deutlich zu sehen.
e) wird von ihrer Familie manchmal immer noch scherzhaft „Sparbüchse" genannt.
f) damit Kati noch vor der Operation etwas ordentlich zu sich nahm.
g) aus Versehen verschluckt!
h) die ganze Familie Eis essen gehen.

1	2	3	4	5	6	7	8

V. Ergänzen Sie in der richtigen Form.

sich verfahren, sich verhören, verlernen, versagen, versalzen, verschlucken, verpassen, sich verrechnen, verschlafen, vergessen, sich verspielen, sich versprechen

- Oskar sagte, vier plus sieben ist zwölf.
  1. Oskar hat ....
- Julia hat zu viel Salz in die Suppe getan.
  2. Julia hat die Suppe ....
- Lena konnte das Einkaufszentrum nicht finden.
  3. Lena hat ....
- Felix hat früher Spanisch gesprochen, heute spricht er kein Spanisch mehr.
  4. Felix hat Spanisch ....
- Anna ist zu spät zur Haltestelle gekommen.
  5. Anna hat den Bus ....
- Emma ist zu spät aufgewacht.
  6. Emma hat ....
- Laura dachte, sie hörte „herein!", aber niemand hatte etwas gesagt.
  7. Laura hat ....
- Paul wollte einen Regenschirm mitnehmen, aber er hat keinen dabei.
  8. Paul hat den Regenschirm ....
- Kati spielte mit einer Münze und plötzlich war die Münze in ihrem Magen.
  9. Kati hat eine Münze ....
- Ich habe die Prüfung nicht bestanden.
  10. Ich habe ....

Die Sparbüchse

- Der Pianist spielte die falschen Noten.
  11. Der Pianist hat ....
- Julian sagte „gefallen" statt „gefahren".
  12. Julian hat ....

VI. Verbinden Sie alles so, wie es im Text war.

▪ bei der	☐ Operation
▪ in die	☐ Geldstück
▪ auf dem	☐ Operationstisch
▪ mit dem	☐ Zeit
▪ aus	☐ Versehen
▪ zum	☐ Schule
▪ ins	☐ Toilette
▪ in der	☐ Krankenhaus
▪ nach	☐ Arzt
▪ vor der	☐ Oma
▪ auf die	☐ Hause
▪ auf den	☐ Fußboden

VII. Übersetzen Sie ins Deutsche.

1. Siedmioletnia Klara była w odwiedzinach u dziadków.
2. Po południu cała rodzina miała iść do kina.
3. O mój Boże! Musimy natychmiast jechać do lekarza.
4. Dam pani skierowanie do szpitala.
5. W szpitalu zrobiono prześwietlenie.
6. Muszę iść do toalety.
7. Od tego zdarzenia upłynęło już dwanaście lat.
8. Kati jest czasami nazywana żartobliwie „skarbonką".

VIII. Erzählen Sie die Geschichte nach.

IX. Versetzen Sie sich in die Rolle von Kati, die zehn Jahre später ihrer besten Freundin diese Geschichte erzählt.

32 Mut muss man haben!

Es war einmal ein König, dessen größte Freude das Malen war. Seine Höflinge lobten seine Bilder sehr. Und so glaubte er, ein großer Künstler zu sein.

Eines Tages lud der König einen berühmten Maler an seinen Hof ein. Er führte seinen Gast in einen großen Saal, in dem seine Bilder an den Wänden hingen. Stolz fragte der König:

„Ich möchte gern wissen, was Sie von meinen Bildern halten? Bin ich ein Künstler oder nicht? Aber sagen Sie mir aufrichtig die reine Wahrheit."

Der Maler schaute sich die Bilder an und sagte: „Majestät! Es tut mir leid, aber ich kann die Bilder nicht loben, und Eure Majestät haben leider kein Talent zum Malen."

Der König wurde zornig und ließ den Künstler ins Gefängnis werfen.

Nach zwei Jahren wollte der König den Künstler wiedersehen. Er begrüßte ihn sehr herzlich und sagte: „Vergessen wir die Vergangenheit! Sie sind wieder ein freier Mensch und können tun, was Sie wollen. Lassen Sie uns Freunde sein!"
Der König unterhielt sich längere Zeit mit dem Maler und aß sogar mit ihm zu Mittag. Nach dem Essen führte der König seinen Gast wieder in den Saal mit den Bildern.
„Nun, wie gefallen Ihnen jetzt meine Bilder?"
Der Maler schaute zuerst schweigend den König an und wandte sich dann an einen in der Nähe stehenden Soldaten: „Führen Sie mich wieder ins Gefängnis zurück!"

WÖRTER UND WENDUNGEN

der Mut ⇨ odwaga
der König, -e ⇨ król
die Freude, -n ⇨ radość
der Höfling, -e ⇨ dworzanin
loben ⇨ chwalić
der Künstler, - ⇨ artysta
der Hof, ⸚e ⇨ dwór
stolz ⇨ dumny
halten (hielt, gehalten) (von) ⇨ sądzić (o czymś)
aufrichtig ⇨ szczerze

die Wahrheit, -en ⇨ prawda
zornig ⇨ rozgniewany
ins Gefängnis werfen ⇨ wtrącić do więzienia
j-n begrüßen ⇨ powitać kogoś
die Vergangenheit ⇨ przeszłość
sich unterhalten (unterhielt, unterhalten) ⇨ rozmawiać
zu Mittag essen ⇨ jeść obiad
schweigend ⇨ milcząco
sich wenden (wandte, gewandt) (an A) ⇨ zwrócić się (do)
der Soldat, -en ⇨ żołnierz

32 Mut muss man haben!

I. Hören Sie sich bitte die Geschichte ein- oder zweimal an und entscheiden Sie anschließend, ob die folgenden Sätze richtig oder falsch sind.

		R	F
1.	Ein König, dessen größte Freude das Malen war, hielt sich für einen großen Künstler.		
2.	Einmal lud der König einen berühmten Kunstkritiker an seinen Hof ein und bat ihn, ihm aufrichtig zu sagen, welches von seinen Bildern am schönsten sei.		
3.	Nachdem sich der Maler die Bilder des Königs angesehen hatte, sagte er, dass der König ein großes Talent zum Malen habe.		
4.	Da der Maler dem König die reine Wahrheit gesagt hatte, wurde er ins Gefängnis geworfen.		
5.	Nachdem der Maler zehn Jahre im Gefängnis abgesessen hatte, wurde er von dem König wieder an seinen Hof eingeladen.		
6.	Als sich der Maler die Bilder des Königs wieder angesehen hatte, wollte er nicht die reine Wahrheit sagen, sondern ließ sich wieder ins Gefängnis zurückführen.		

II. Hören Sie sich die Geschichte nochmals an und beantworten Sie dann die folgenden Fragen.

Schlüsselwörter:

- der Höfling – dworzanin
- loben – chwalić
- aufrichtig – szczerze, szczery
- das Gefängnis – więzienie

1. Warum hielt sich der König für einen großen Künstler?
2. Wen lud er eines Tages an seinen Hof ein und wozu?
3. Was sagte der Maler, nachdem er sich die Bilder des Königs angesehen hatte?
4. Auf welche Weise wurde der Maler für seine Aufrichtigkeit bestraft?

5. Was geschah nach zwei Jahren?
6. Wie reagierte der Maler diesmal auf die königlichen Bilder?

III. Hören Sie sich die Geschichte ein weiteres Mal an, wobei Sie bitte die Aufnahme nach jedem Satz anhalten und den Satz nachsprechen. Achten Sie auf die richtige Aussprache und die Intonation.

IV. Ergänzen Sie die Endungen.
1. Es war einmal ein König, dessen größt....... Freude das Malen war.
2. Seine Höfling....... lobten seine Bilder sehr. Deshalb glaubte er, ein groß....... Künstler zu sein.
3. Eines Tag....... lud der König einen berühmt....... Maler an seinen Hof ein.
4. Er führte seinen Gast in einen groß....... Saal, in dem seine viel....... Bilder hingen.
5. Der König bat den berühmt....... Maler, ihm die rein....... Wahrheit zu sagen.
6. Nach zwei Jahr....... wollte der König den Künstler wiedersehen.
7. Er unterhielt sich länger....... Zeit mit dem Maler.
8. Der Maler wandte sich an einen in der Nähe stehend....... Soldat....... .

V. Ergänzen Sie die passenden Präpositionen (eventuell mit dem Artikel).
1. Eines Tages lud der König einen berühmten Maler .... seinen Hof ein.
2. Er führte den Gast .... einen großen Saal, wo seine Bilder .... den Wänden hingen.
3. Der König wollte wissen, was der Maler .... seinen Bildern hielt.
4. Es tut mir leid, aber Sie haben kein Talent .... Malen.
5. Der König ließ den Künstler .... Gefängnis werfen.

Mut muss man haben!

6. .... zwei Jahren wollte der König den Maler wiedersehen.
7. Er aß mit dem Maler sogar .... Mittag.
8. Nach dem Essen führte der König seinen Gast wieder .... den Saal .... den Bildern.
9. Der Maler wandte sich .... einen Soldaten und ließ sich wieder .... Gefängnis zurückführen.

VI. Ergänzen Sie (zuerst selbstständig) die folgenden Sätze. Wenn das zu schwierig ist, suchen Sie die passenden Satzteile dafür unten aus.

1.	Der König glaubte, ...
2.	Eines Tages lud der König einen berühmten Maler ....
3.	Er führte den Künstler in einen großen Saal, ...
4.	„Ich möchte gern wissen", fragte der König, ...
5.	Der König wurde zornig ....
6.	Nach zwei Jahren unterhielt sich der König wieder mit dem Maler ....
7.	Der Künstler wandte sich an einen Soldaten ....
a)	und ließ sich wieder ins Gefängnis zurückführen.
b)	und ließ den Maler ins Gefängnis werfen.
c)	„was Sie von meinen Bildern halten."
d)	an seinen Hof ein.
e)	ein großer Künstler zu sein.
f)	wo seine Bilder an den Wänden hingen.
g)	und aß mit ihm sogar zu Mittag.

1	2	3	4	5	6	7

VII. Übersetzen Sie ins Deutsche.

1. Malowanie było największą radością króla.
2. Król sądził, że jest wielkim artystą.
3. Jego obrazy wisiały na ścianach w pewnej bardzo dużej sali.
4. Co pan sądzi o moich obrazach?
5. Proszę mi szczerze powiedzieć całą prawdę.
6. Przykro mi, ale nie mogę pochwalić pańskich obrazów.
7. Król kazał wtrącić malarza do więzienia.
8. Jest pan znowu wolnym człowiekiem i może pan robić, co pan zechce.
9. Król zjadł obiad z artystą.
10. Proszę mnie odprowadzić z powrotem do więzienia.

VIII. Erzählen Sie die Geschichte nach.

IX. Versetzen Sie sich in die Rolle des Malers, der nach Jahren an einen alten Schulfreund einen Brief schreibt, in dem er berichtet, was für ein Abenteuer er mit dem König erlebte.

33 Der Ghostwriter

„Sie wurden mir als ein zuverlässiger Ghostwriter empfohlen, der gute Drehbücher schreibt. Ich bin einer der Autoren der Fernsehserie ‚In unserer Straße'. Wir schreiben zu dritt abwechselnd die Drehbücher. Jetzt bin ich gerade dabei, die Folge 866 zu schreiben, habe aber andere wichtige Sachen zu tun und schaffe es zeitlich nicht."
„Dann könnte doch vielleicht einer der anderen beiden Kollegen das diesmal für Sie übernehmen, Herr Hartmann?", fragte der Ghostwriter.
„Leider nicht. Das Problem besteht darin, dass wir seit einiger Zeit zerstritten sind. Daher wende ich mich an Sie."
„Ja, gut, ich verstehe. Dann geben Sie mir bitte die Details."

„Also, die Hauptperson in dieser Folge ist Klara. Sie ist in Felix verliebt, doch Klaras Vater kann ihn nicht leiden. Am Ende der Folge soll es ein Happy End geben. Ich habe Ihnen die letzten zehn Folgen aufgenommen, sie dauern jeweils nur 30 Minuten. Da können Sie genauer sehen, worum es geht. Ihre Aufgabe ist es, das Drehbuch für die Folge 866 zu schreiben, den Rest macht der Regisseur. Ich weiß nicht mal, welcher es sein wird, weil wir vier Regisseure haben."

Der Ghostwriter erledigte seine Aufgabe pünktlich, und drei Wochen vor der Ausstrahlung wurde die Folge gedreht.

Einer von Hunderten Briefen und E-Mails, die an die Fernsehredaktion geschickt wurden, lautete jedoch wie folgt:

„Ich bin leidenschaftliche Zuschauerin der Serie und verpasse keine Folge. In der Folge 866 erfahren wir aber, dass Klaras Verlobter Literatur im zweiten Semester studiert, doch vor einem Jahr habe ich gesehen, dass er Literatur im vierten Semester studiert. Früher hieß es, dass Klaras Vater Angestellter in Köln ist, nun heißt es auf einmal, dass er von Beruf Taxifahrer in Wuppertal ist. Aber die größte Überraschung war Klaras Großmutter, die auf einmal auferstanden ist. Klara war doch schon auf ihrer Beerdigung!"

33

WÖRTER UND WENDUNGEN

der Ghostwriter ⇨ osoba pisząca za kogoś (pod czyimś nazwiskiem)
empfehlen (empfahl, empfohlen) ⇨ polecać
zuverlässig ⇨ godny zaufania
das Drehbuch, ⸚er ⇨ scenariusz
eigentlich ⇨ właściwie
zu dritt ⇨ we trójkę
sich ab/wechseln ⇨ robić coś na zmianę
dabei sein ⇨ tu: być w trakcie robienia czegoś
die Folge, -n ⇨ tu: odcinek
zeitlich ⇨ czasowo
etwas für j-n übernehmen (übernahm, übernommen) ⇨ tu: przejmować coś za kogoś
das Problem besteht darin, dass... ⇨ problem polega na tym, że...
zerstritten sein ⇨ być skłóconym

verliebt ⇨ zakochany
j-n nicht leiden können ⇨ nie móc kogoś znieść
auf/nehmen (nahm auf, aufgenommen) ⇨ tu: nagrywać
erledigen ⇨ załatwić
die Ausstrahlung, -en ⇨ emisja
drehen ⇨ kręcić
leidenschaftlich ⇨ namiętny
der Zuschauer, - ⇨ widz
verpassen ⇨ tu: przegapić
erfahren (erfuhr, erfahren) ⇨ dowiadywać się
der Verlobte, -n ⇨ narzeczony
die Überraschung, -en ⇨ niespodzianka
auf einmal ⇨ nagle
auferstehen (auferstand, auferstanden s.) ⇨ zmartwychwstawać
die Beerdigung, -en ⇨ pogrzeb

Der Ghostwriter

33

I. Hören Sie sich bitte die Geschichte ein- oder zweimal an und entscheiden Sie, ob die folgenden Sätze richtig oder falsch sind.

		R	F
1.	Herr Hartmann ist Schriftsteller und schreibt Bücher.		
2.	Er wendet sich an einen Ghostwriter, weil er keine Zeit hat.		
3.	Der Ghostwriter soll über Klaras Leben schreiben.		
4.	Die Fernsehserie hatte schon 86 Folgen.		
5.	Der Ghostwriter hat seine Aufgabe pünktlich erledigt.		
6.	Einige Details im Drehbuch haben nicht gestimmt.		
7.	Die Fernsehzuschauer waren mit der letzten Folge zufrieden.		
8.	Klaras Großmutter war schon tot, in der letzten Folge ist sie auferstanden.		

II. Hören Sie sich die Geschichte noch einmal an und antworten Sie anschließend auf die folgenden Fragen.

Schlüsselwörter:
- das Drehbuch – scenariusz
- die Folge – odcinek
- der Zuschauer – widz
- die Ausstrahlung – emisja
- auferstehen – zmartwychwstać

1. Was macht Herr Hartmann beruflich?
2. Welches Problem hat er gerade?
3. An wen wendet sich Herr Hartmann mit seinem Problem?
4. Was macht ein Ghostwriter?
5. Welche Details gibt Herr Hartmann dem Ghostwriter?
6. Wie haben die Zuschauer auf diese Folge der Fernsehserie reagiert und warum?
7. Was hat in der Folge nicht gestimmt?

33

Der Ghostwriter

III. Hören Sie die Geschichte ein weiteres Mal, wobei Sie bitte die Aufnahme nach jedem Satz anhalten und den Satz nachsprechen. Versuchen Sie auch die Aussprache und die Betonung richtig nachzumachen.

IV. Ergänzen Sie (zuerst selbstständig) die folgenden Sätze. Falls das zu schwierig ist, wählen Sie die passenden Satzteile dafür unten aus.

1. Sie wurden mir als..
2. Ich bin einer der Drehbuchautoren, wir ....
3. Jetzt bin ich gerade dabei, ...
4. Das Problem besteht darin, dass ....
5. Klara ist in Felix verliebt, doch ....
6. Da können Sie genauer sehen, ...
7. Ich bin leidenschaftliche Zuschauerin der Serie und ....
8. Klara war doch schon...

a) die Folge 866 zu schreiben.
b) Klaras Vater kann ihn nicht leiden.
c) verpasse keine Folge.
d) worum es geht.
e) schreiben zu dritt abwechselnd die Drehbücher.
f) ein zuverlässiger Ghostwriter empfohlen, der gute Drehbücher schreibt.
g) auf ihrer Beerdigung!
h) wir seit einiger Zeit zerstritten sind.

1	2	3	4	5	6	7	8

V. Wählen Sie eine möglichst genaue Entsprechung.

zuverlässig
- begabt
- gewissenhaft
- zukünftig

abwechselnd
- wechselhaft
- wechselvoll
- wechselweise

zeitlich
- momentan
- zeitlebens
- zeitlos

zerstritten
- verkracht
- zerfallen
- zerrissen

verliebt
- verheiratet
- verknallt
- verlobt

leidenschaftlich
- begeistert
- leidend
- schmerzvoll

verpassen
- vermeiden
- versäumen
- verschieben

33 Der Ghostwriter

auferstehen
- aufkommen
- aufleben
- aufstehen

VI. Suchen Sie passende Präpositionaladverbien.

Beispiel:

| Ich bin bei der Sache. | ➜ Ich bin *dabei*. |

1.	Das Problem besteht in der Zeit.	
2.	Es geht um die Zeit.	
3.	Ich freue mich auf die Arbeit.	
4.	Ich denke an die letzte Folge.	
5.	Ich schreibe ein Drehbuch für diese Folge.	
6.	Der Ghostwriter fängt mit der Arbeit an.	
7.	Die Zuschauer beschweren sich über die Folge.	
8.	Wir ziehen Konsequenzen aus der Sache.	
9.	Ich entschuldige mich für die Fehler.	
10.	Eine Fernsehzeitung schrieb über die Folge.	
11.	Der Ghostwriter verdiente für die Arbeit gutes Geld.	
12.	Wie kam es zu den Missverständnissen?	

VII. Übersetzen Sie ins Deutsche.

1. Polecono mi pana jako godnego zaufania pisarza.
2. Jestem jednym z autorów, bo piszemy tę książkę we dwójkę.
3. Właśnie piszę trzeci rozdział.
4. Problem polega na tym, że teraz nie mam czasu.

5. Główną osobą w tych dwóch odcinkach jest Felix.
6. Felix jest zakochany w Klarze, ale mama Klary go nie znosi.
7. Narzeczony Klary studiuje germanistykę na trzecim roku.
8. Największą niespodzianką był dziadek Klary.

VIII. Erzählen Sie die Geschichte nach.

IX. Versetzen Sie sich in die Rolle von dem Ghostwriter, der seiner Frau diese Geschichte erzählt.

34 Der Unfall

Herr Lehmann fuhr mit seiner Familie auf einer Schnellstraße. Es war schon dunkel. Die Familie war am Sonntag bei den Großeltern zu Besuch und nun fuhren sie nach Hause. Familie Lehmann hatte ein neues Auto, einen schönen schwarzen BMW, und Herr Lehmann war von dem Wagen sehr begeistert.

Auf einmal hörte Herr Lehmann ein dumpfes Geräusch und spürte, dass etwas gegen die Stoßstange geprallt war. Der Wagen geriet etwas ins Schleudern, Herr Lehmann hielt an und stieg aus. An der Stoßstange sah er Blut und dachte, dass er vielleicht einen Fuchs oder ein anderes wildes Tier überfahren hatte. Das Blech am Auto war verbeult und Herr Lehmann ärgerte sich über den Schaden.

„Zum Glück habe ich eine gute Versicherung für das neue Auto abgeschlossen", dachte er sich.

34

Am nächsten Morgen fuhr er in eine Autowerkstatt, um den Schaden von einem Fachmann begutachten zu lassen.
„Ja, also unter 4.000 Euro lässt sich das nicht reparieren", sagte der Mechaniker.
„Das ist aber viel", entgegnete Herr Lehmann, „aber in Ordnung, ich werde das der Versicherung ausrichten."
Er rief also bei seiner Versicherung an. Er musste ein langes Formular ausfüllen und alle Einzelheiten zum Unfall angeben. Der Bearbeiter am Telefon versprach, dass jemand bei Herrn Lehmann vorbeikommen würde, um DNA-Proben vom Auto zu nehmen.

Danach begann das Warten. Die DNA-Probe wurde ins Labor geschickt, um festzustellen, welches Tier den Unfall verursacht hatte.
Nach zwei Monaten rief ein Verschicherungsangestellter endlich an.
„Guten Tag", sagte er, „die DNA-Analyse hat ergeben, dass der Unfall durch eine Hauskatze verursacht wurde."
„Ja, und?", wunderte sich Herr Lehmann. „Fakt ist, es war ein Tier und ich habe 4.000 Euro Schaden. Mein Auto ist doch gegen Unfälle mit Tieren versichert."

34

„Leider nicht", erklärte der Versicherungsfachmann. „Ihr Auto ist gegen Schäden mit Wildtieren versichert, aber nicht gegen Schäden, die durch Haustiere verursacht werden. Unsere Gesellschaft wird den Schaden nicht bezahlen."

Fazit: Man sollte Verschicherungsunterlagen immer genau durchlesen, um unangenehme Überraschungen zu vermeiden.

WÖRTER UND WENDUNGEN

die Schnellstraße, -n ⇨ droga szybkiego ruchu
begeistert sein ⇨ być zachwyconym
auf einmal ⇨ nagle
dumpf ⇨ tu: tępy
das Geräusch, -e ⇨ odgłos
spüren ⇨ poczuć
die Stoßstange, -n ⇨ zderzak
prallen ⇨ uderzyć
ins Schleudern geraten (geriet, geraten s.) ⇨ wpaść w poślizg
an/halten (hielt an, angehalten) ⇨ zatrzymać się
aus/steigen (stieg aus, ausgestiegen s.) ⇨ wysiadać
das Blut ⇨ krew
der Fuchs, ⸚e ⇨ lis
überfahren ⇨ przejechać
das Blech ⇨ blacha
verbeulen ⇨ wgniatać
sich ärgern (über A) ⇨ złościć się (na)
der Schaden, ⸚ ⇨ uszkodzenie
die Versicherung, -en ⇨ ubezpieczenie, też: ubezpieczalnia
ab/schließen (schloss ab, abgeschlossen) ⇨ tu: zawierać
die Autowerkstatt, ⸚en ⇨ warsztat samochodowy
begutachten ⇨ oceniać

entgegnen ⇨ odrzec
j-m aus/richten ⇨ przekazać komuś
die Einzelheit, -en ⇨ szczegół
an/geben (gab an, angegeben) ⇨ tu: podawać
der Bearbeiter, - ⇨ pracownik zajmujący się daną sprawą
versprechen (versprach, versprochen) ⇨ obiecywać
vorbei/kommen (kam vorbei, vorbeigekommen s.) ⇨ tu: przyjść, przyjechać, wpaść do kogoś
fest/stellen ⇨ ustalać
verursachen ⇨ spowodować
der Versicherungsangestellte, -n ⇨ pracownik ubezpieczalni
versichern (gegen) ⇨ ubezpieczać
sich wundern (über A) ⇨ dziwić się (czemuś)
das Wildtier, -e ⇨ dzikie zwierzę
die Gesellschaft, -en ⇨ tu: towarzystwo
das Fazit, -e ⇨ wniosek, podsumowanie
die Versicherungsunterlagen (Pl.) ⇨ dokumenty dotyczące ubezpieczenia
durch/lesen (las durch, durchgelesen) ⇨ przeczytać
unangenehm ⇨ nieprzyjemny
die Überraschung, -en ⇨ niespodzianka
vermeiden (vermied, vermieden) ⇨ unikać

Der Unfall

34

I. Hören Sie sich bitte die Geschichte ein- oder zweimal an und entscheiden Sie, ob die folgenden Sätze richtig oder falsch sind.

		R	F
1.	Familie Lehmann fuhr auf einer Autobahn.		
2.	Sie haben ihre Freunde besucht.		
3.	Herr Lehmann hörte plötzlich ein Geräusch.		
4.	An der Stoßstange seines Autos war Blut zu sehen.		
5.	Er hat ein Tier überfahren.		
6.	Das Auto war versichert.		
7.	Die Autoreparatur sollte weniger als 4.000 Euro kosten.		
8.	Herr Lehmann hat mit seiner Autoversicherung telefoniert.		
9.	Herr Lehmann hat einen Fuchs überfahren.		
10.	Die Versicherung hat den Schaden nicht bezahlt.		

II. Hören Sie sich die Geschichte noch einmal an und antworten Sie anschließend auf die folgenden Fragen.

Schlüsselwörter:
- die Stoßstange – zderzak
- der Schaden – szkoda, uszkodzenie
- überfahren – przejechać
- die Versicherung – ubezpieczenie

1. Woher und wohin fuhr Familie Lehmann an diesem Abend?
2. Welches Auto hatte Herr Lehmann?
3. Welcher Unfall ist unterwegs passiert?
4. Was dachte Herr Lehmann über seine Autoversicherung?
5. Wie hoch war der Schaden nach dem Unfall?

34

Der Unfall

6. Welches Tier hat Herr Lehmann überfahren?
7. Warum konnte die Versicherung den Schaden nicht bezahlen?

III. Hören Sie die Geschichte ein weiteres Mal, wobei Sie bitte die Aufnahme nach jedem Satz anhalten und den Satz nachsprechen. Versuchen Sie auch die Aussprache und die Betonung richtig nachzumachen.

IV. Ergänzen Sie (zuerst selbstständig) die folgenden Sätze. Falls das zu schwierig ist, wählen Sie die passenden Satzteile dafür unten aus.

1. Herr Lehmann fuhr mit seiner Familie ....
2. Familie Lehmann hatte ein neues Auto, ...
3. Herr Lehmann war von ....
4. Herr Lehmann hielt an und ....
5. Zum Glück habe ich eine gute ....
6. In Ordnung, ich werde das ....
7. Er musste ein langes Formular ausfüllen und ....
8. Die DNA-Analyse hat ergeben, ...

a) dem Wagen sehr begeistert.
b) stieg aus.
c) alle Einzelheiten zum Unfall angeben.
d) dass der Unfall durch eine Hauskatze verursacht wurde.
e) einen schönen schwarzen BMW.
f) der Versicherung ausrichten.
g) auf einer Schnellstraße.
h) Versicherung für das neue Auto abgeschlossen.

1	2	3	4	5	6	7	8

V. Ergänzen Sie die Endungen (falls notwendig).

1. Familie Lehmann hatte ein....... neu....... Auto, ein....... schön....... schwarz....... BMW.
2. Er hat vielleicht ein....... Fuchs oder ein....... anderes wild....... Tier überfahren.
3. Zum Glück habe ich ein....... gut....... Versicherung für d....... neu....... Auto abgeschlossen.
4. Er musste ein....... lang....... Formular ausfüllen und alle Einzelheiten zum Unfall angeben.
5. Die DNA-Probe wurde in....... Labor geschickt, um festzustellen, welch....... Tier d....... Unfall verursacht hatte.

VI. Setzen Sie die fehlenden Substantive ein.

Auf einmal hörte Herr Lehmann ein dumpfes .... und spürte, dass etwas gegen die .... geprallt war. Der .... geriet etwas ins ...., Herr Lehmann hielt an und stieg aus. An der .... sah er .... und dachte, dass er vielleicht einen .... oder ein anderes wildes .... überfahren hatte. Das .... am .... war verbeult und Herr Lehmann ärgerte sich über den ....

VII. Übersetzen Sie ins Deutsche.

1. Państwo Lehmann wracali do domu.
2. Pan Lehmann miał stary samochód.
3. Jego samochód wpadł w poślizg.
4. Niestety on przejechał jakieś zwierzę.
5. Pani Lehmann złościła się z powodu uszkodzenia samochodu.
6. Następnego dnia pan Lehmann pojechał do warsztatu samochodowego.
7. W porządku, przekażę to ubezpieczalni.

8. Pan Lehmann wypełnił długi formularz.
9. Mój samochód jest ubezpieczony na wszystkie uszkodzenia.
10. Powinno się dokładnie przeczytać dokumenty ubezpieczenia.

VIII. Erzählen Sie die Geschichte nach.

IX. Versetzen Sie sich in die Rolle von Herrn Lehmann, der seinem Kollegen bei einem Bier die Geschichte erzählt.

34 Der Unfall

35 Der zerstreute Professor

Professor Weiskopf ging nie ohne Schirm weg. Nicht einmal an strahlenden Sommertagen konnte er sich entschließen, dem Wetter zu trauen. Er war ein Professor, wie er im Buche steht: ein richtig zerstreuter Professor. Er wusste das, aber er konnte es nicht ändern. Und so passierte ihm beinahe jede Woche dasselbe: Er ließ seinen Schirm irgendwo stehen, und meistens hatte er dann keine Ahnung, wo er ihn gelassen hatte.

Seine Haushälterin war manchmal verzweifelt. Sie bat ihn, ohne Schirm zu gehen – ohne Erfolg. Er war es gewöhnt, den Schirm mitzunehmen, da war nichts zu machen.

Eines Tages aber hatte die Haushälterin Geburtstag. Da wollte ihr Professor Weiskopf eine besondere Freude machen und ging tatsächlich ohne Schirm aus dem Haus. Die Haushälterin strahlte. So konnte er ihn nirgends vergessen.

Professor Weiskopf ging in die Universität, hielt seine Vorlesung und machte dann noch ein paar Besorgungen in der Stadt. Als er gerade aus der Apotheke kam, merkte er plötzlich, dass er keinen Schirm hatte. „Und dabei wollte ich doch heute die gute Maria nicht enttäuschen", dachte er, „sie hat doch heute Geburtstag." Und sofort erinnerte er sich, dass in der Apotheke ein Schirm stand. Er ging also noch einmal hinein, grüßte freundlich und nahm sich den Schirm. Dann kaufte er noch einen schönen Strauß Blumen für die gute Haushälterin Maria und ging zufrieden nach Hause.

„Schauen Sie", sagte er strahlend, „was ich Ihnen mitgebracht habe. Und außerdem habe ich Sie heute nicht enttäuschen wollen: Schauen Sie, auch meinen Schirm habe ich wieder mitgebracht." Und er wunderte sich sehr, als die gute Maria ganz erschrocken sagte:

„Um Gottes willen! Sie haben doch heute ausnahmsweise keinen Schirm mitgenommen!"

WÖRTER UND WENDUNGEN

zerstreut ⇨ roztargniony
weg/gehen (ging weg, weggegangen s.) ⇨ wychodzić
der Schirm, -e ⇨ parasol
strahlend ⇨ promienny, słoneczny
sich entschließen (entschloss, entschlossen) ⇨ zdecydować się
j-m trauen ⇨ ufać komuś/czemuś
ein Professor, wie er im Buche steht ⇨ profesor jak się patrzy
ändern ⇨ zmienić
beinahe ⇨ prawie
jede Woche ⇨ każdego tygodnia, co tydzień
dasselbe ⇨ to samo
den Schirm stehen lassen ⇨ zostawić parasol
irgendwo ⇨ gdzieś

keine Ahnung haben ⇨ nie mieć pojęcia
die Haushälterin, -nen ⇨ gosposia
manchmal ⇨ niekiedy, czasami
verzweifelt ⇨ zrozpaczony
gewöhnt ⇨ przyzwyczajony
der Geburtstag, -e ⇨ urodziny
j-m eine Freude machen ⇨ sprawić komuś radość
tatsächlich ⇨ faktycznie
strahlen ⇨ promieniować
nirgends ⇨ nigdzie
etw. vergessen (vergaß, vergessen) ⇨ zapomnieć o czymś
eine Vorlesung halten ⇨ wygłosić wykład
Besorgungen machen ⇨ załatwić sprawunki, dokonać zakupów

gerade ⇨ tu: właśnie
merken ⇨ zauważyć
plötzlich ⇨ nagle
j-n enttäuschen ⇨ rozczarować kogoś
sich erinnern ⇨ przypomnieć sobie
grüßen ⇨ pozdrowić
freundlich ⇨ miło, uprzejmie
der Strauß, -e ⇨ wiązanka, bukiet
mit/bringen (brachte mit, mitgebracht) ⇨ przynieść ze sobą
außerdem ⇨ ponadto
sich wundern ⇨ dziwić się
erschrocken ⇨ przerażony, przestraszony
Um Gottes willen! ⇨ Na miłość boską!
ausnahmsweise ⇨ wyjątkowo

Der zerstreute Professor

I. Hören Sie sich bitte die Geschichte ein- oder zweimal an und entscheiden Sie dann, ob die folgenden Sätze richtig oder falsch sind.

		R	F
1.	Professor Weiskopf traute (*ufał*) dem Wetter nie. Deshalb nahm er immer einen Schirm mit.		
2.	Fast jede Woche wurde ihm ein Schirm gestohlen.		
3.	Seine Haushälterin hat ihm eines Tages verboten, den Schirm mitzunehmen.		
4.	An seinem Geburtstag wollte der Professor seiner Haushälterin eine Freude machen und ging ausnahmsweise ohne Schirm weg.		
5.	An jenem Tag hielt der Professor in der Universität seine Vorlesung und ging dann in die Stadt, um etwas zu erledigen.		
6.	Unter anderem war er auch in einer Apotheke und hat dort, wie schon oft, seinen Schirm stehen lassen.		
7.	Er ging noch einmal in die Apotheke und nahm sich einen Schirm, der dort in der Ecke stand.		
8.	Als er nach Hause kam, war er sehr zufrieden, dass er diesmal seinen Schirm nicht irgendwo hatte stehen oder liegen lassen.		
9.	Es hat sich erwiesen, dass der Professor einen fremden Schirm mitgebracht hat.		

II. Hören Sie sich die Geschichte noch einmal an und beantworten Sie dann die folgenden Fragen.

Schlüsselwörter:
- der Schirm – parasol
- zerstreut – roztargniony
- die Haushälterin – gospodyni/gosposia
- enttäuschen – rozczarować

1. Welche Gewohnheit hatte Professor Weiskopf?
2. Was zeugt davon, dass er zerstreut war?

3. Worum hat ihn seine Haushälterin manchmal gebeten?
4. Wie wollte der Professor seiner Haushälterin an ihrem Geburtstag eine Überraschung machen?
5. Wo arbeitete Professor Weiskopf und was machte er dort?
6. Wann merkte er, dass er seinen Schirm nicht hatte?
7. Was brachte er an jenem Tag seiner Haushälterin mit?
8. Warum war Maria bei der Begrüßung doch nicht zufrieden?

III. Hören Sie die Geschichte ein weiteres Mal, wobei Sie bitte die Aufnahme nach jedem Satz anhalten und den Satz nachsprechen. Achten Sie dabei auf die richtige Aussprache und die Betonung.

IV. Der Infinitiv mit oder ohne *zu*?

1. Professor Weiskopf konnte sich nie .... (entschließen), dem Wetter .... (trauen).
2. Sehr oft ließ er seinen Schirm irgendwo .... (stehen).
3. Seine Haushälterin bat ihn oft, ohne Schirm .... (weggehen).
4. Der Professor war es gewöhnt, den Schirm .... (mitnehmen), da war nichts .... (machen).
5. Eines Tages ging er .... (einkaufen) und hat natürlich nicht vergessen, den Schirm .... (mitnehmen).
6. Heute brauchen Sie den Schirm wirklich nicht .... (mitnehmen).

V. Ergänzen Sie die Adjektivendungen.

1. Der Professor nahm auch an strahlend..... Sommertagen einen Schirm mit.
2. Professor Weiskopf war ein richtig zerstreut..... Professor.
3. Eines Tages wollte er seiner alt..... Haushälterin eine besonder..... Freude machen.

35 Der zerstreute Professor

4. Er wollte die gut..... Maria nicht enttäuschen.
5. Unterwegs kaufte er einen schön..... Strauß Blumen für die nett..... Haushälterin.
6. Plötzlich erinnerte er sich, dass in der klein..... Apotheke ein ganz neu..... Schirm rechts in der dunkel..... Ecke stand.
7. Bei der Begrüßung sagte der Professor unter anderem: „Auch meinen schön..... Schirm habe ich wieder mitgebracht."

VI. Versuchen Sie die 18 Verben, die in der Geschichte vorkommen, im folgenden Zauberkasten zu finden (waagerecht und senkrecht; ß = ss).

WAAGERECHT:

1. ....
2. ....
3. ....
4. ....
5. ....
6. ....
7. ....
8. ....
9. ....
10. ....

SENKRECHT:

11. ....
12. ....
13. ....
14. ....
15. ....
16. ....
17. ....
18. ....

A	S	Q	M	L	W	E	G	G	E	H	E	N	O	K	V	R
S	I	C	H	E	N	T	S	C	H	L	I	E	S	S	E	N
T	C	D	I	R	A	B	C	K	L	N	O	N	A	L	R	B
R	H	H	M	I	T	N	E	H	M	E	N	T	W	A	G	O
A	W	A	Ä	N	D	E	R	N	A	O	N	T	I	S	E	K
U	U	L	G	N	S	P	R	A	O	C	G	Ä	S	S	S	A
E	N	T	G	E	W	Ö	H	N	E	N	B	U	S	E	S	N
N	D	E	R	R	B	A	O	G	R	Ü	S	S	E	N	E	C
Q	E	N	O	N	R	B	C	E	D	O	A	C	N	L	N	A
B	R	M	I	T	B	R	I	N	G	E	N	H	C	K	P	P
O	N	L	R	S	D	O	P	A	S	S	I	E	R	E	N	O
A	C	B	F	D	H	I	L	K	A	O	P	N	H	D	K	P
P	O	D	R	S	T	R	A	H	L	E	N	A	I	C	N	H
K	L	N	P	O	R	T	S	E	F	I	M	E	R	K	E	N

VII. Übersetzen Sie ins Deutsche.

1. Nie mogę się zdecydować, czy wziąć parasol, czy też nie.
2. Profesor Weiskopf wiedział, że jest roztargniony, ale nie mógł tego zmienić.
3. Nie mam pojęcia, gdzie zostawiłem parasol.
4. Gosposia prosiła profesora, żeby nie zabierał ze sobą parasola, jeśli jest ładna pogoda.
5. Profesor poszedł na uniwersytet i wygłosił tam swój wykład.
6. On przypomniał sobie, że w aptece stał w rogu parasol.
7. Niech pani spojrzy, co pani przyniosłem!
8. Tym razem nie chciałem pani rozczarować i nie zapomniałem przynieść parasola.

VIII. Versetzen Sie sich in die Rolle der Haushälterin des Professors und erzählen Sie die Geschichte nach.

36 Glück im Unglück

Peter und Ilona saßen nebeneinander im Flugzeug. Peter flog auf eine Geschäftsreise nach Amsterdam, Ilona machte einen Kurztrip, da sie die Stadt unbedingt schon immer besuchen wollte. Peter las während des Fluges seine Zeitung und Ilona war gerade dabei, einen spannenden Kriminalroman zu beenden. Die Flugbegleiterin blieb mit ihrem Wagen an ihrer Reihe stehen.
„Möchten Sie etwas trinken?", fragte sie mit einem freundlichen Lächeln.
„Einen Tomatensaft bitte", sagte Peter.
„Und ein stilles Wass-", Ilona konnte ihren Satz nicht beenden, weil Peter in dem Moment seinen Saft über ihre Bluse vergoss.
„Oh, Entschuldigung!", rief er entsetzt und versuchte, mit seiner Serviette den roten Fleck von ihrer Bluse zu wischen. Es war ihm schrecklich peinlich und am liebsten wäre er vom Erdbo-

den verschluckt worden. Den restlichen Flug saß er mit einem hochroten Kopf da und traute sich gar nicht mehr, in Ilonas Richtung zu blicken. Sie aber hatte die Situation längst vergessen und las ihren Krimi weiter.

Peter war erleichtert, als das Flugzeug endlich landete und ihre Wege sich trennten. Er machte sich auf den Weg ins Hotel, entspannte sich dort ein wenig und wollte dann los, um etwas zu essen. Als er sein Zimmer verließ, stieß er mit Ilona zusammen.

„Sie hier?", stammelte er erstaunt. Ilona konnte ihre Überraschung auch nicht verbergen. Sie lächelte nur dabei. Sie hatte den Mann aus dem Flugzeug lustig gefunden und ihm sein Missgeschick nicht übelgenommen – sie selbst war auch sehr tollpatschig.

„Darf ich Sie zum Essen einladen?", überraschte sich Peter selbst mit seinem Vorschlag.

Ilona hatte für den Abend noch keine Pläne. „Ja, gerne", erwiderte sie. „Es ist immerhin ein sehr großer Zufall, dass wir beide im selben Hotel gelandet sind."

Peter und Ilona gingen zusammen zu einem Italiener und hatten eine sehr schöne Zeit dort – und diesmal war es Ilona, die bei dem lebhaften Gespräch aus Versehen ihr Rotweinglas umkippte. Da haben sich wohl zwei gefunden.

36

WÖRTER UND WENDUNGEN

nebeneinander ⇨ obok siebie
die Geschäftsreise, -n ⇨ wyjazd służbowy
der Kurztrip, -s ⇨ krótki wyjazd
unbedingt ⇨ koniecznie
spannend ⇨ trzymający w napięciu
beenden ⇨ zakończyć
der Kriminalroman, -e (kurz: Krimi, -s) ⇨ kryminał
die Flugbegleiterin, -nen ⇨ stewardesa
die Reihe, -n ⇨ rząd
stehen bleiben (blieb stehen, stehen geblieben s.) ⇨ zatrzymać się
ein stilles Wasser ⇨ woda niegazowana
vergießen (vergoss, vergossen) ⇨ rozlać
entsetzt ⇨ przerażony
der Fleck, -en ⇨ plama
wischen ⇨ wycierać
schrecklich ⇨ okropny
peinlich ⇨ przykry, kłopotliwy
wie vom Erdboden verschluckt werden ⇨ jakby się pod ziemię zapadł

sich trauen ⇨ odważyć się
in eine Richtung blicken ⇨ patrzeć w jakimś kierunku
erleichtert ⇨ z ulgą
ihre Wege trennten sich ⇨ ich drogi się rozeszły
sich entspannen ⇨ relaksować się
zusammen/stoßen (stieß zusammen, zusammengestoßen s.) ⇨ zderzać się
stammeln ⇨ jąkać się
erstaunt ⇨ zdumiony
verbergen (verbarg, verborgen) ⇨ ukrywać
das Missgeschick, -e ⇨ niepowodzenie, pech
j-m etwas übel/nehmen (nahm übel, übelgenommen) ⇨ wziąć komuś coś za złe
tollpatschig ⇨ niezręczny
der Vorschlag, ⸗e ⇨ propozycja
erwidern ⇨ odrzec
der Zufall, ⸗e ⇨ przypadek
lebhaft ⇨ ożywiony
um/kippen ⇨ przewracać
aus Versehen ⇨ niechcący

36 Glück im Unglück

I. Hören Sie sich bitte die Geschichte ein- oder zweimal an und entscheiden Sie, ob die folgenden Sätze richtig oder falsch sind.

		R	F
1.	Peter und Ilona reisen beide nach Amsterdam.		
2.	Ilona hört während des Fluges Musik.		
3.	Peter passiert ein Missgeschick.		
4.	Peter und Ilona können im Flugzeug beide über die Situation lachen.		
5.	Peter und Ilona teilen sich nach dem Flug ein Taxi.		
6.	Die beiden sind überrascht, sich im Hotel wiederzusehen.		
7.	Ilona hat schon sehr konkrete Pläne für den Abend.		
8.	Peter und Ilona gehen italienisch essen und diesmal passiert Ilona ein Missgeschick.		

II. Hören Sie sich die Geschichte noch einmal an und antworten Sie anschließend auf die folgenden Fragen.

Schlüsselwörter:
- vergießen – rozlać
- entsetzt – przerażony
- das Missgeschick – niepowodzenie, pech
- aus Versehen – niechcący

1. Warum fliegen Peter und Ilona nach Amsterdam?
2. Was passiert im Flugzeug?
3. Wie verbringen Peter und Ilona ihre Zeit im Flugzeug?
4. Was passiert, als sich die beiden im Hotel wieder treffen?
5. Wie verbringen die beiden den restlichen Abend?

36 Glück im Unglück

III. Hören Sie die Geschichte ein weiteres Mal, wobei Sie bitte die Aufnahme nach jedem Satz anhalten und den Satz nachsprechen. Versuchen Sie auch die Aussprache und die Betonung richtig nachzumachen.

IV. Ergänzen Sie (zuerst selbstständig) die folgenden Sätze. Falls das zu schwierig ist, wählen Sie die passenden Satzteile dafür unten aus.

1. Ilona machte einen Kurztrip, ...
2. Die Flugbegleiterin blieb ....
3. Peter und Ilona saßen ....
4. Peter versuchte, mit seiner Serviette ....
5. Es war ihm schrecklich peinlich und am liebsten ....
6. Er traute sich gar nicht mehr, ...
7. Direkt als Peter sein Zimmer verließ, ...
8. Ilona war auch überrascht und ....

a) den roten Fleck von ihrer Bluse zu wischen.
b) an ihrer Reihe stehen.
c) wäre er vom Erdboden verschluckt worden.
d) stieß er mit Ilona zusammen.
e) nebeneinander im Flugzeug.
f) konnte ein Lächeln nicht verbergen.
g) in Ilonas Richtung zu blicken.
h) da sie die Stadt unbedingt besuchen wollte.

1	2	3	4	5	6	7	8

V. Ergänzen Sie die Verben im Präteritum.

Beispiel:
- Peter und Ilona .... (sitzen) nebeneinander im Flugzeug.
- Peter und Ilona *saßen* nebeneinander im Flugzeug.

1. Peter .... (fliegen) auf eine Geschäftsreise nach Amsterdam.
2. Ilona .... (lesen) einen spannenden Krimi.
3. Peter .... (vergießen) seinen Tomatensaft über Ilonas Bluse.
4. Ilona und Peter .... (treffen) sich zufällig im Hotel wieder.
5. Peter .... (überraschen) Ilona mit einer Einladung zum Essen.
6. Ilona .... (erwidern) sein Lächeln.
7. Ilona und Peter .... (verbringen) einen sehr schönen Abend zusammen.
8. Diesmal .... (umkippen) Ilona ihr Rotweinglas ....

VI. Ergänzen Sie die passenden Präpositionen.

1. Peter flog .... eine Geschäftsreise in die Niederlande.
2. Er versuchte, den Fleck .... ihrer Bluse zu wischen.
3. Er wünschte, er wäre .... Erdboden verschluckt worden.
4. Er traute sich nicht, ... Ilonas Richtung zu blicken.
5. Ilona machte sich .... den Weg in die Stadt.
6. Er überraschte sich selbst .... seiner Frage.
7. Sie gingen .... einem Italiener.
8. Sie aßen .... einem Italiener.
9. Ilona kippte .... Versehen ihr Rotweinglas um.

Glück im Unglück

VII. Verneinen Sie folgende Sätze mit „nicht" und „kein-".

Beispiel:
- Peter liest eine Zeitung.
- Peter liest *keine* Zeitung.

1. Ilona liest einen spannenden Krimi.
   ....
2. Peter und Ilona sitzen nebeneinander im Flugzeug.
   ....
3. Ilona hat für ihren ersten Abend in Amsterdam viele Pläne.
   ....
4. Peter trinkt gerne Tomatensaft.
   ....
5. Peter ist sein Missgeschick sehr peinlich.
   ....
6. Peter mag italienische Restaurants.
   ....
7. Peter geht gerne italienisch essen.
   ....
8. Ilona und Peter verbringen einen schönen Abend.
   ....
9. Ilona kippt ihr Weinglas um.
   ....

VIII. Übersetzen Sie ins Deutsche.

1. Klara i Thomas siedzieli obok siebie w pociągu.
2. Tomas czytał podczas jazdy książkę.
3. Czy chciałaby pani coś zjeść?
4. To było dla mnie okropnie kłopotliwe.
5. Po podróży pociągiem ich drogi rozeszły się.
6. Klara nie mogła ukryć swojego zdziwienia.
7. Czy mogę panią zaprosić na jedzenie?

IX. Versetzen Sie sich in die Rolle von Ilona, die ihrer besten Freundin von der Begegnung mit Peter erzählt.

37 Das Erbe

Herr Schmitz ist gestorben. Er lebte sehr lange und überlebte fast alle aus seiner Familie. Nun gab es nur zwei Enkel, die seine Erben waren: Sebastian und Markus.

Nach der Beerdigung hatten die Brüder einen Termin beim Notar zur Testamentseröffnung.

Der Notar war ein langjähriger Bekannter von Herrn Schmitz.

„Guten Tag, meine Herren, mein herzliches Beileid für Ihren Verlust", begrüßte der Notar die Erben. „Ihr Großvater hat mit meiner Hilfe ein Testament verfasst."

„Unser Großvater hat sehr viel vererbt, nicht wahr?", fragte Sebastian.

„Ja", antwortete der Notar, „er war sehr vermögend und wir haben kurz vor seinem Tod alles zusammen auf über 20 Millionen Euro geschätzt. Die Häuser, die Autos, antike Möbel, wertvolle Kunstwerke, das Bargeld... Wir haben im Testament insgesamt 208 Einheiten aufgeführt."

„Wie kann man das gerecht aufteilen?", fragte Sebastian.

„Ihr Großvater hat beschlossen, dass einer von Ihnen das Erbe nach Belieben in zwei Teile aufteilt und der andere wählt sich dann den Teil aus, den er haben möchte. Wir verlosen, wer die Teilung vornimmt und wer dann wählt."

Es wurde verlost und Markus sollte die Teilung vornehmen.

Nach einer Woche präsentierte Markus seinen Vorschlag, das Erbe aufzuteilen. Der eine Teil des Erbes war fast alles, der zweite Teil bestand nur aus einem Schachspiel mit einer besonderen Regel. Das Schachbrett hatte 64 Felder und war vor Spielbeginn zur Hälfte mit Schachfiguren zugestellt. Auf das erste leere Feld des Schachbrettes sollte ein Cent gelegt werden, auf das zweite Feld zwei Cent, auf das dritte Feld vier Cent, auf das vierte Feld acht Cent und so weiter, immer verdoppelt, bis alle 32 leere Felder des Schachbretts mit Geld bedeckt waren. Das Schachspiel mit dem Geld vom letzten Feld sollte dann dem zweiten Erben übergeben werden.

„Ich freue mich, dass mein Bruder so ein Idiot ist", dachte sich Sebastian, „er verzichtet auf das ganze Vermögen und möchte nur ein Schachspiel und ein paar Euro." Und er wählte sofort den ersten

37

Teil des Erbes: die Häuser, die Autos, antike Möbel und wertvolle Kunstwerke sowie das Bargeld. Markus bekam also nur das Schachspiel und das Geld.

„Bitte, unterschreiben Sie beide hier", sagte der Notar. Damit war die Sache amtlich.

Sebastian bekam also ein Vermögen, das insgesamt fast 21 Millionen wert war.

Er musste jedoch alles an Markus zurückgeben, denn es stellte sich heraus, dass Markus insgesamt 2 Milliarden 147 Millionen 483 Tausend 648 Cent zustanden.

Markus schenkte seinem habgierigen Bruder zum Trost einige Tausend Euro.

WÖRTER UND WENDUNGEN

das Erbe ⇨ dziedzictwo, spadek
sterben (starb, gestorben s.) ⇨ umierać
überleben ⇨ przeżyć
der Erbe, -n ⇨ spadkobierca
die Beerdigung, -en ⇨ pogrzeb
mein herzliches Beileid ⇨ moje serdeczne kondolencje
der Verlust, -e ⇨ strata
verfassen ⇨ tu: sporządzić
vererben ⇨ pozostawić komuś coś w spadku
vermögend ⇨ zamożny
schätzen ⇨ szacować
auf/führen ⇨ tu: wymieniać

gerecht ⇨ sprawiedliwie
auf/teilen ⇨ podzielić
beschließen (beschloss, beschlossen) ⇨ postanowić
nach Belieben ⇨ według upodobania
aus/wählen ⇨ wybierać
verlosen ⇨ losować
vor/nehmen (vornahm, vorgenommen) ⇨ tu: przeprowadzić
der Vorschlag, ⸚e ⇨ propozycja
die Teilung, -en ⇨ podział
das Schachspiel, -e ⇨ gra w szachy
das Schachbrett, -er ⇨ szachownica
das Feld, -er ⇨ pole
der Spielbeginn ⇨ początek gry

zur Hälfte ⇨ do połowy
zu/stellen ⇨ tu: zastawiać
verdoppeln ⇨ podwajać
bedecken ⇨ pokryć
übergeben (übergab, übergeben) ⇨ przekazywać
verzichten (auf A) ⇨ tu: zrzec się (czegoś)
das Vermögen, - ⇨ majątek
amtlich ⇨ oficjalny
insgesamt ⇨ w sumie
wert sein ⇨ być wartym
sich heraus/stellen ⇨ okazać się
j-m zu/stehen (stand zu, zugestanden) ⇨ należeć się komuś
zum Trost ⇨ na pocieszenie

Das Erbe

I. Hören Sie sich bitte die Geschichte ein- oder zweimal an und entscheiden Sie, ob die folgenden Sätze richtig oder falsch sind.

		R	F
1.	Herr Schmitz hatte viele Erben.		
2.	Herr Schmitz war nicht besonders reich.		
3.	Er hat weniger als 20 Millionen vererbt.		
4.	Markus sollte das Vermögen aufteilen.		
5.	Markus hat das Vermögen ungerecht (*niesprawiedliwie*) aufgeteilt.		
6.	Sebastian dachte, sein Bruder ist dumm.		
7.	Markus war klüger als Sebastian.		
8.	Beide Brüder bekamen genauso viel Geld.		

II. Hören Sie sich die Geschichte noch einmal an und antworten Sie anschließend auf die folgenden Fragen.

Schlüsselwörter:

- das Erbe – spadek
- gerecht – sprawiedliwie
- der Erbe – spadkobierca
- vererben – pozostawić w spadku
- verdoppeln – podwajać

1. Warum hatte Herr Schmitz nur zwei Erben?
2. Wohin gingen Sebastian und Markus nach der Beerdigung?
3. Was hat Herr Schmitz vererbt?
4. Wie groß war das Vermögen von Herrn Schmitz?
5. Welche Idee hatte Herr Schmitz, wie sein Erbe aufgeteilt werden soll?
6. Warum wollte Markus nur das Schachbrett und das Geld bekommen?

37 Das Erbe

7. Was dachte Sebastian über Markus?
8. Warum musste Sebastian alles an Markus zurückgeben?

III. Hören Sie die Geschichte ein weiteres Mal, wobei Sie bitte die Aufnahme nach jedem Satz anhalten und den Satz nachsprechen. Versuchen Sie auch die Aussprache und die Betonung richtig nachzumachen.

IV. Ergänzen Sie (zuerst selbstständig) die folgenden Sätze. Falls das zu schwierig ist, suchen Sie die passenden Satzteile dafür unten aus.

1. Er lebte sehr lange und ....
2. Mein herzliches Beileid ....
3. Wir verlosen, wer ....
4. Es wurde verlost und Markus ....
5. Ich freue mich, dass ....
6. Er verzichtet auf das ganze Geld und ....
7. Sebastian wählte sofort ....
8. Sebastian bekam also ein Vermögen, das ....

a) sollte die Teilung vornehmen.
b) den ersten Teil des Erbes.
c) für Ihren Verlust.
d) insgesamt fast 21 Millionen wert war.
e) überlebte fast alle aus seiner Familie.
f) mein Bruder so ein Idiot ist.
g) möchte nur ein Schachbrett und ein paar Euro.
h) die Teilung vornimmt und wer dann wählt.

1	2	3	4	5	6	7	8

Hören – Verstehen – Sprechen

Das Erbe

V. Was gehört zusammen? Bilden Sie anschließend mit den entstandenen Ausdrücken eigene Sätze.

1. eine Teilung ....
2. ein Testament ....
3. auf 20 Mio. Euro ....
4. ein Formular ....
5. ein Vermögen ....
6. auf ein Vermögen ....

a) schätzen
b) aufteilen
c) vornehmen
d) verzichten
e) unterschreiben
f) verfassen

1	2	3	4	5	6

VI. Ergänzen Sie die passenden Endungen.

1. Nach d..... Beerdigung hatten die Brüder ein..... Termin bei..... Notar zu..... Testamentseröffnung.
2. Der Notar war ein langjährig..... Freund von Herr..... Schmitz.
3. Guten Tag, meine Herren, mein herzlich..... Beileid für Ihr..... Verlust.
4. Nach ein..... Woche präsentierte Markus sein..... Vorschlag, d..... Erbe aufzuteilen.
5. Der ein..... Teil d..... Erbes war fast alles, der zweit..... Teil bestand nur aus ein..... Schachspiel mit ein..... besonder..... Regel.
6. Das Schachspiel mit d..... Geld vom letzt..... Feld sollte dann d..... zweit..... Erben übergeben werden.
7. Markus schenkte sein..... habgierig..... Bruder zum Trost einige Tausend Euro.

VII. Übersetzen Sie ins Deutsche.

1. Pan Schmitz zmarł tydzień temu.
2. Notariusz był dobrym znajomym pana Schmitza.
3. Czy nasz dziadek dużo zostawił w spadku?
4. Chcielibyśmy to sprawiedliwie podzielić.
5. Po kilku dniach Markus zaprezentował swoją propozycję.
6. Pierwsza część składała się tylko z szachownicy z figurami szachowymi.
7. Szachownica z pieniędzmi miała zostać przekazana drugiemu spadkobiercy.
8. Cieszę się, że mój brat jest taki mądry.
9. Markus dostał tylko szachownicę i figury szachowe.
10. Sebastian zbyt wcześnie ucieszył się z propozycji brata.
11. Markus podarował swojemu chciwemu bratu pięć tysięcy euro.

VIII. Erzählen Sie die Geschichte nach.

IX. Versetzen Sie sich in die Rolle von Markus, der nach der amtlichen Vermögensaufteilung diese Geschichte seiner Freundin erzählt.

Das Erbe 37

38 Die kluge Sekretärin

3 Fragen ? ? ?

Ich suchte eine nette Sekretärin. Diesmal wollte ich eine besonders kluge, eine Sekretärin mit guter Allgemeinbildung.

Die erste Bewerberin trat ein. Sie war hübsch und schlank. „Ich würde gerne drei Fragen an Sie richten", sagte ich, „weil ich möchte, dass meine Sekretärin eine gewisse Allgemeinbildung besitzt. – Wie heißt die Hauptstadt von Norwegen?"

„Kopenhagen."

„Es ist Oslo, aber man kann sich ja mal irren. Eine zweite Frage: Woran litt Beethoven?"

Sie zögerte mit der Antwort, sagte aber dann: „Er hatte nie Geld."

Ich sagte nichts dazu, sondern stellte gleich die dritte Frage: „Was versteht man unter einem Fjord?"

38

„Eine bekannte Automarke."
„Nein, die Automarke heißt Ford. Ein Fjord ist ein Einschnitt des Meeres ins Land mit steilen Uferwänden", sagte ich und stand auf. „Sie bekommen schriftlich Bescheid."
Die zweite Bewerberin war eine Blondine. Ich begann: „Die Stelle verlangt gewisse Qualifikationen, ich möchte Ihnen daher drei Prüfungsfragen stellen, wenn es Ihnen recht ist."
„Bitte!"
„Wer ist der Komponist der ‚Lustigen Witwe'?"
„Mozart!"
„Nein, Mozart schrieb die ‚Zauberflöte'. Wissen Sie, wer den Text zur ‚Zauberflöte' geschrieben hat?"
Ihre Augen leuchteten auf: „Ralph Maria Siegel!"
Ich versuchte die dritte Frage zu stellen: Was ist eine Windhose?"
„Eine Art Strandhöschen für heiße Tage."
Die dritte Bewerberin wartete im Vorzimmer. Ich bat sie hereinzukommen. Mir verschlug es die Sprache. Sie sah aus wie ein Märchen. Ich deutete stumm auf einen Stuhl. Mein Adamsapfel ging rauf und runter. Zum Teufel mit diesen dummen Fragen!, dachte ich, sie wird ohne Fragen eingestellt. „Mein Fräulein", sagte ich, „Sie sind..."
Aber sie kam mir zuvor, sie winkte ab und sagte: „Ich hatte Pech mit meinem letzten Chef. Er war

38

dumm wie Bohnenstroh. Deshalb will ich einen intelligenten Chef. Ich möchte deshalb gern drei Prüfungsfragen an Sie richten."

Ich saß starr und beklommen. „Bitte", sagte ich tonlos. Sie begann zu fragen:

„Wann und wo wurde Goethe geboren?"

„In Weimar, die Jahreszahl ist mir entfallen."

Sie korrigierte mich: „1749 und außerdem in Frankfurt. Eine zweite Frage: Auf welcher Insel lebte Robinson?"

„Auf Crusoe!", stieß ich aufgeregt hervor. Ich wusste sofort, dass es falsch war.

„Auf Mas-a-tierra in der Gruppe der Fernandezinseln", wurde ich belehrt. Die dritte Frage lautete: „Was ist eine Tonsur?"

Ich deutete auf meinen Kopf: „Das, was ich da oben habe."

„Nein, Sie haben eine ganz gewöhnliche Glatze!", sagte das schöne Mädchen und erhob sich. Schließlich sagte sie noch: „Ich kann mich im Moment noch nicht entscheiden, Sie werden noch von mir hören."

38

die Allgemeinbildung ⇨ ogólne wykształcenie
die Bewerberin, -nen ⇨ kandydatka
schlank ⇨ szczupły
richten (an A) ⇨ skierować (do)
sich irren ⇨ mylić się
leiden (litt, gelitten) (an D) ⇨ cierpieć/chorować (na)
zögern ⇨ zwlekać
der Einschnitt, -e ⇨ wcięcie, wciśnięcie
steil ⇨ stromy
das Ufer, - ⇨ brzeg
Bescheid bekommen ⇨ otrzymać wiadomość
die Stelle, -n ⇨ stanowisko
verlangen ⇨ wymagać
gewiss ⇨ pewien
wenn es Ihnen recht ist ⇨ jeśli to pani/panu odpowiada
die Witwe, -n ⇨ wdowa
die „Zauberflöte" ⇨ „Czarodziejski flet"
auf/leuchten ⇨ rozbłysnąć
die Windhose, -n ⇨ trąba powietrzna
das Strandhöschen, - ⇨ spodenki plażowe
Mir verschlug es die Sprache. ⇨ Oniemiałem./Odjęło mi mowę.
das Märchen, - ⇨ bajka

deuten (auf A) ⇨ wskazać (na)
stumm ⇨ nic nie mówiąc, milcząco
zum Teufel ⇨ do diabła
ein/stellen ⇨ zatrudnić
j-m zuvor/kommen (kam zuvor, zuvorgekommen s.) ⇨ uprzedzić kogoś
ab/winken ⇨ dać znak odmowny
Pech haben ⇨ mieć pecha
dumm wie Bohnenstroh ⇨ głupi jak stołowe nogi
starr ⇨ osłupiały
beklommen ⇨ przygnębiony
tonlos ⇨ bezdźwięcznie
entfallen (entfiel, entfallen s.) ⇨ wylecieć (z pamięci)
die Insel, -n ⇨ wyspa
hervor/stoßen (stieß hervor, hervorgestoßen) ⇨ wykrztusić
belehren ⇨ pouczyć
die Tonsur, -en ⇨ wygolony krążek na głowie
gewöhnlich ⇨ zwyczajny
die Glatze, -n ⇨ łysa głowa
sich erheben (erhob, erhoben) ⇨ podnieść się
sich entscheiden (entschied, entschieden) ⇨ zdecydować się

38 Die kluge Sekretärin

I. Hören Sie sich bitte die Geschichte ein- oder zweimal an und entscheiden Sie anschließend, ob die folgenden Sätze richtig oder falsch sind.

		R	F
1.	Ein Chef suchte eine besonders hübsche Sekretärin.		
2.	In der Geschichte ist die Rede von drei Bewerberinnen für den Posten der Sekretärin.		
3.	Der Chef stellte allen drei Bewerberinnen je drei Fragen.		
4.	Die ersten zwei Bewerberinnen sind durchgefallen, aber die dritte erwies sich als besonders klug und intelligent und wurde deshalb angestellt.		
5.	Die dritte Bewerberin hatte viel Pech mit ihrem letzten Chef, weil er dumm war.		
6.	Der Chef konnte alle Fragen der dritten Bewerberin richtig beantworten und wurde deshalb als Chef von ihr akzeptiert.		

II. Hören Sie sich die Geschichte nochmals an und beantworten Sie dann die folgenden Fragen.

Schlüsselwörter:
- die Allgemeinbildung – wykształcenie ogólne
- die Bewerberin – kandydatka
- sich irren – pomylić się
- die Windhose – trąba powietrzna
- die Tonsur – wygolony krążek na głowie

1. Was für eine Sekretärin suchte der Chef?
2. Welche Fragen stellte er der ersten Bewerberin?
3. Wie hat sie die Fragen beantwortet?
4. Wie lauten die Fragen, die die zweite Bewerberin beantworten sollte?
5. Hat die zweite Bewerberin die Fragen richtig beantwortet?

6. Wie benahm sich der Chef, als die dritte Bewerberin in sein Zimmer trat?
7. Wozu war er sofort entschlossen?
8. Warum hat sich die dritte Bewerberin zum Vorstellungsgespräch gemeldet?
9. Welche Fragen hat sie dem Chef gestellt?
10. War sie mit den Antworten des Chefs zufrieden?
11. Was sagte sie zum Schluss des Gesprächs?

III. Hören Sie die Geschichte ein weiteres Mal, wobei Sie bitte die Aufnahme nach jedem Satz anhalten und den Satz nachsprechen. Achten Sie dabei auf die richtige Aussprache und die Betonung.

IV. Wie lautet die richtige Form der Wörter in den Klammern?
1. Diesmal wollte der Chef eine Sekretärin mit ……………… (gut) Allgemeinbildung einstellen.
2. Die ……………… (eins) Bewerberin ……………… (eintreten).
3. Ich würde gern drei Fragen an ……………… (Sie) richten.
4. Die ……………… (zwei) Frage lautete: „Woran ……………… (leiden) Beethoven?"
5. Dann stellte er noch die ……………… (drei) Frage: „Was ……………… (verstehen) man unter einem Fjord?"
6. Ein Fjord ist ein Einschnitt ……………… (das Meer) ins Land mit ……………… (steile Uferwände).
7. Der Chef bat die dritte Bewerberin ……………… (hereinkommen).
8. Ihm ……………… (verschlagen) es die Sprache. Die Bewerberin ……………… (aussehen) wie ein Märchen.
9. Er ……………… (denken) sich: „Zum Teufel mit diesen ……………… (dumm) Fragen, sie wird ohne Fragen ……………… (einstellen)."
10. Das Geburtsdatum von Goethe ……………… dem Chef ……………… (entfallen).

Die kluge Sekretärin

V. Wie lauten die in der Geschichte vorkommenden Antonyme zu folgenden Wörtern?

1. dumm ....
2. hässlich ....
3. dick ....
4. flach (sanft ansteigend) ....
5. mündlich ....
6. traurig ....
7. (bitter) kalt ....
8. ruhig (gelassen) ....
9. finden ....
10. hinausgehen ....
11. entlassen (kündigen) ....
12. sich setzen ....
13. das Glück ....
14. das Festland ....

VI. Schreiben Sie die fehlenden Wörter in die Lücken.

1. Der Chef suchte eine Sekretärin mit guter ....
2. Zum Vorstellungsgespräch meldeten sich viele ....
3. Können Sie mir sagen, woran Beethoven ....?
4. Was versteht man .... einem Fjord?
5. Ich möchte Ihnen drei Fragen stellen, ... es Ihnen recht ist.
6. Wer ist der Komponist der „Lustigen ...."?
7. Die dritte Bewerberin .... wie ein Märchen.
8. Sie sagte, dass sie viel .... mit ihrem letzten Chef hatte.
9. Gestatten Sie, dass ich drei Fragen an Sie ....
10. Leider ist mir das Geburtsjahr von Goethe ....
11. Auf welcher .... lebte Robinson?
12. Ich kann mich im Moment noch nicht ...., Sie werden von mir ....

VII. Übersetzen Sie ins Deutsche.

1. Poszukuję sekretarki z dobrym wykształceniem ogólnym.
2. Chciałbym pani postawić trzy pytania.

3. Pomyliłem się.
4. Poprosiłem trzecią kandydatkę, aby weszła do środka.
5. Mój ostatni szef nie podobał mi się, bo był głupi. Dlatego chciałabym mieć tym razem inteligentnego szefa.
6. W tej chwili nie mogę się jeszcze zdecydować, którą kandydatkę zatrudnię.

VIII. Erzählen Sie die Geschichte nach
    a) aus der Sicht des Chefs,
    b) aus der Sicht der dritten Bewerberin.

39 Der Wetterprophet

Ein Regisseur wollte einmal einen Film drehen, der in der wundervollen Gebirgslandschaft der Alpen spielen sollte. Die Innenaufnahmen für diesen Film waren bereits im Filmatelier gedreht worden, und der Regisseur hatte nur noch die Außenaufnahmen zu machen. Er fuhr deshalb mit seinem Aufnahmestab und mit den Schauspielern in ein kleines, einsames Dorf, das hoch in den Bergen lag. Man begann sofort nach der Ankunft mit den Aufnahmen.

Da die Produktion eines Filmes immer sehr teuer ist, musste die Arbeit möglichst schnell beendet werden. Nun sind Außenaufnahmen immer viel schwieriger als Atelieraufnahmen, weil man sehr vom Wetter abhängig ist. Gute Aufnahmen kann man nur bei schönem Wetter machen. Der Regisseur hatte kein Vertrauen zu den offiziellen Wettervorhersagen, die der Rundfunk brachte.

Da hörte er, dass im Dorf ein steinalter Mann lebte, der als Wetterprophet bekannt war. Seine Wettervoraussagen waren sehr zuverlässig.

Der Regisseur begann jeden Abend den Alten zu besuchen. Er fragte ihn immer nach dem Wetter für den nächsten Tag und war mit den Voraussagen des alten Bauern sehr zufrieden, weil sie fast immer richtig waren. Jedesmal wenn er zu dem Alten ging, um ihn nach seiner Meinung über das Wetter zu fragen, wunderte sich der Regisseur darüber, dass der Alte niemals nach den Wolken schaute.

Eines Tages war es dem Regisseur besonders wichtig, dass die Wettervoraussage richtig war. Er ging deshalb am Abend wieder zum Haus des Alten, weil er früh am nächsten Morgen die Aufnahmen beginnen wollte. Er sah den Alten vor seinem Haus sitzen und ruhig seine Pfeife rauchen. Da fragte er ihn: „Nun Alterchen, was meinen Sie? Wird das Wetter morgen gut, oder wird es regnen? Ich hoffe nicht, denn morgen sind die wichtigsten Aufnahmen meines Filmes zu machen."

Doch der Alte antwortete nicht, blieb ruhig auf der Bank sitzen und rauchte seine Pfeife weiter.

„Nun, was ist los? So antworten Sie doch!", rief der Regisseur verzweifelt. „Sie wissen doch, dass Ihre Voraussagen für mich wichtig sind!"
„Es tut mir leid, aber heute kann ich Ihnen nicht helfen. Mein Radio ist kaputt", sagte der Alte und rauchte ruhig weiter.

WÖRTER UND WENDUNGEN

der Wetterprophet, -en ⇨ przepowiadający pogodę
einen Film drehen ⇨ kręcić film
wundervoll ⇨ przepiękny, cudowny
die Gebirgslandschaft, -en ⇨ krajobraz górski
spielen ⇨ tu: rozgrywać się
die Innenaufnahmen (Pl.) ⇨ zdjęcia robione we wnętrzach
die Außenaufnahmen (Pl.) ⇨ zdjęcia plenerowe
der Aufnahmestab ⇨ zespół/sztab zajmujący się robieniem zdjęć
der Schauspieler, - ⇨ aktor

die Ankunft ⇨ przybycie, przyjazd
abhängig sein (von) ⇨ być zależnym (od)
das Vertrauen (zu) ⇨ zaufanie (do)
die Wettervorhersage, -n ⇨ przepowiednia, prognoza pogody
der Rundfunk ⇨ rozgłośnia radiowa, radio
steinalt ⇨ bardzo stary
zuverlässig ⇨ niezawodny, pewny
sich wundern (über A) ⇨ dziwić się (z powodu)
die Wolke, -n ⇨ chmura
verzweifelt ⇨ zrozpaczony

Der Wetterprophet

I. Hören Sie sich bitte die Geschichte ein- oder zweimal an und entscheiden Sie anschließend, ob die folgenden Sätze richtig oder falsch sind.

		R	F
1.	Ein Regisseur wollte die Innenaufnahmen für seinen Film hoch in den Alpen drehen.		
2.	Gleich nach der Ankunft in einem kleinen Dorf begann man mit den Aufnahmen.		
3.	Atelieraufnahmen sind schwieriger als Außenaufnahmen, weil man vom Wetter abhängig ist.		
4.	Der Regisseur vertraute immer den Wettervorhersagen, die der Rundfunk brachte.		
5.	Ein sehr alter Mann, der im Dorf lebte, konnte das Wetter für den nächsten Tag immer zuverlässig voraussagen.		
6.	Jedesmal wenn der alte Mann nach dem Wetter gefragt wurde, schaute er zuerst nach den Wolken.		
7.	Als der Regisseur eines Tages zu dem alten Mann ging, um ihn nach dem Wetter zu fragen, konnte ihm der Alte nicht helfen, weil sein Radio kaputt war.		

II. Hören Sie sich die Geschichte nochmals an und beantworten Sie dann die folgenden Fragen.

Schlüsselwörter:

- die Außenaufnahmen (Pl.) – zdjęcia plenerowe
- das Vertrauen – zaufanie
- zuverlässig – niezawodny
- die Wolke – chmura

1. Wo wollte der Regisseur seinen Film drehen?
2. Welche Aufnahmen waren noch zu machen?
3. Wohin fuhr der Regisseur? Mit wem?
4. Warum musste die Arbeit am Film möglichst schnell beendet werden?

Der Wetterprophet

5. Was spielt bei den Außenaufnahmen eine wichtige Rolle?
6. Was dachte der Regisseur über die Wettervorhersagen im Radio?
7. Wofür war ein sehr alter Mann im Dorf bekannt?
8. Warum ging der Regisseur jeden Abend zu dem alten Bauern?
9. Worüber wunderte sich der Regisseur jedesmal, wenn er den Alten nach dem Wetter fragte?
10. Was passierte eines Tages, als der Regisseur wieder einmal zu dem Alten ging und ihn nach dem Wetter für den nächsten Tag fragte?

III. Hören Sie die Geschichte ein weiteres Mal, wobei Sie bitte die Aufnahme nach jedem Satz anhalten und den Satz nachsprechen. Achten Sie dabei auf die richtige Aussprache und die Betonung.

IV. Wie lautet die richtige Form der Wörter in den Klammern?

1. Die Innenaufnahmen für ……………… (der Film) waren bereits im Filmatelier ……………… (machen).
2. Um die Außenaufnahmen ……………… (machen), fuhr der Regisseur mit seinem Aufnahmestab und ……………… (die Schauspieler) in ein ……………… (klein, einsam) Dorf, das hoch in den Bergen ……………… (liegen).
3. Da die Produktion ……………… (ein Film) immer sehr teuer ist, musste die Arbeit möglichst schnell ……………… (beenden).
4. Gute Außenaufnahmen kann man nur bei ……………… (schön) Wetter machen.
5. Der Regisseur begann jeden Abend ……………… (der Alte) zu besuchen.
6. Er war mit den Voraussagen ……………… (der alte Bauer) immer sehr zufrieden.
7. Der Regisseur sah den Bauern vor seinem Haus ……………… (sitzen) und ruhig seine Pfeife ……………… (rauchen).

8. Als er ihn nach dem Wetter fragte, blieb der Bauer ruhig auf der Bank .... (sitzen) und .... (rauchen) weiter seine Pfeife.

V. Schreiben Sie in dem folgenden Text die fehlenden Wörter in die Lücken.

Ein Regisseur wollte einmal einen Film ...., der in den Alpen spielen sollte. Er wollte in den Bergen nur die Außenaufnahmen .... Gleich nach der .... begann man mit den Aufnahmen. Da die Produktion eines Filmes immer sehr .... ist, musste die Arbeit möglichst schnell .... werden. Bei den Außenaufnahmen ist man sehr vom Wetter .... Der Regisseur hatte kein Vertrauen zu den offiziellen .... im Radio. Da hörte er, dass im Dorf ein alter Mann ...., der als Wetterprophet .... war. Der Regisseur begann jeden Abend den Alten zu .... Er fragte ihn immer nach dem .... für den nächsten Tag und war mit den Voraussagen des alten Bauern sehr ...., weil sie fast immer richtig .... Der Alte schaute aber niemals nach den .... Eines Tages war es dem .... besonders wichtig, dass die Wettervoraussage richtig war. Er .... deshalb am Abend wieder zum Haus des ...., weil er früh am nächsten Morgen die Aufnahmen beginnen .... Er sah den Alten vor seinem .... sitzen und ruhig seine .... rauchen. Nach dem Wetter gefragt, antwortete der alte Bauer, dass er dem Regisseur nicht .... kann, wie das Wetter am nächsten Tag sein würde, ... sein Radio kaputt sei.

VI. Übersetzen Sie ins Deutsche.
1. Pewien reżyser chciał nakręcić film wysoko w górach.
2. Zaraz po przybyciu zaczęto robić zdjęcia plenerowe.
3. Praca musiała być szybko skończona, ponieważ produkcja filmu jest

Der Wetterprophet

bardzo droga.
4. Niestety przy zdjęciach plenerowych jest się bardzo uzależnionym od pogody.
5. Nie mam zaufania do prognozy pogody w radiu.
6. Reżyser pytał pewnego starego wieśniaka codziennie o pogodę na następny dzień.
7. Staruszek nigdy nie patrzył na chmury.
8. Czyż pan nie wie, że pańskie prognozy są dla mnie bardzo ważne?

VII. Erzählen Sie die Geschichte nach aus der Sicht des Regisseurs.

39 Der Wetterprophet

40 Der Antiquar

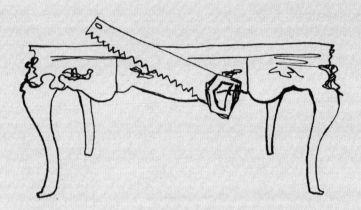

Der Antiquar Herr Klausmann sprudelt vor Energie. Er fährt immer wieder persönlich mit seinem Transporter durch ganz Bayern, besucht alte Bauernhöfe und sucht nach alten vergessenen Möbeln, die er dann in seinem Münchner Antiquitätsladen deutlich teurer verkaufen kann.

Diesmal fuhr er nach Franken, nach Untersiemau. Er hat in dieser Gegend tatsächlich schon einige interessante Möbel erworben. Nun fand er einen alten Bauernhof, der jetzt zwar arm aussah, aber früher bestimmt sehr reich war. Schon von außen sah man, dass der Dachboden des Hauses besonders groß war, was seine Hoffnungen umso mehr erweckte. Und tatsächlich: Der Inhaber des Bauernhofs bat Herrn Klausmann ins Haus und erzählte ihm, dass die Familie seit Generationen kaum etwas wegwarf, sondern alles auf dem Dachboden stapelte.

Die beiden gingen nach oben und Herr Klausmann konnte seinen Augen kaum trauen. Er entdeckte einen wunderschönen Schreibtisch, der bestimmt ungefähr 300 Jahre alt war.

„Wahnsinn", dachte sich Herr Klausmann, „was für ein Fund!"

Und, wie immer mit vorgespielter Gleichgültigkeit, begann er zu handeln.

„Ach, wissen Sie", sagte er zu dem Bauern, „dieses Tischchen hier könnte ich vielleicht ganz gut für meine Garage fürs Werkzeug nutzen. Einen solchen alten Tisch kann man eigentlich für nichts mehr gebrauchen, aber für meine Garage würde er gerade recht gut passen."

„Ich gebe Ihnen dafür 30 Euro, was halten Sie davon?", schlug er dem Bauern vor. Gleichzeitig überlegte er fieberhaft: „Was kann ich wohl in München dafür bekommen? 3000 Euro sicher, vielleicht sogar mehr, wenn es jemandem zur Kollektion passt?"

„Ja, warum nicht?", sagte der Bauer, „Nehmen Sie ihn mit, wir brauchen ihn sowieso nicht." Er half Herrn Klausmann, den Schreibtisch nach unten zu tragen und sie stellten ihn vor den Transporter. Leider hatte Herr Klausmann schon andere Möbel

40

darin und die Schreibtischbeine waren zu lang, sie passten nicht mehr ins Auto.

„Ach, ruhen wir uns erstmal aus", sagte der Bauer, „meine Frau hat gerade Kaffee gemacht. Kommen Sie mit, wir setzen uns kurz ins Wohnzimmer." Dann sagte er noch schnell etwas auf Fränkisch zu seinem erwachsenen Sohn, der gerade den Hof fegte.

Nach dem Kaffee gingen sie wieder hinaus.
„Und?", sagte der Bauer zufrieden, „wir haben es doch geschafft, sehen Sie! Ich habe meinem Sohn befohlen, die Beine abzusägen. Die Tischplatte passt jetzt problemlos in Ihr Auto und die Tischbeine können Sie auch noch hineinstecken."
Herr Klausmann antwortete nichts. Er fuhr wortlos weg und im nächsten Wald hielt er an, um die Tischplatte und die abgesägten Tischbeine wegzuwerfen.
Das war sicherlich das schlechteste Geschäft seines Lebens.

WÖRTER UND WENDUNGEN

der Antiquar, -e ⇨ antykwariusz
vor Energie sprudeln ⇨ tryskać energią
persönlich ⇨ osobiście
der Transporter, - ⇨ furgon
deutlich ⇨ wyraźnie
der Bauer, - ⇨ chłop, rolnik
der Bauernhof, ⸚e ⇨ gospodarstwo rolne

vergessen ⇨ tu: zapomniany
Möbel (Pl.) ⇨ meble
der Antiquitätsladen, ⸚en ⇨ antykwariat
Franken ⇨ Frankonia (podobszar Bawarii)
die Gegend, -en ⇨ okolica
tatsächlich ⇨ rzeczywiście
erwerben (erwarb, erworben) ⇨ nabyć

zwar..., aber... ⇨ wprawdzie..., ale...
früher ⇨ dawniej, wcześniej
bestimmt ⇨ z pewnością
von außen ⇨ z zewnątrz
der Dachboden, ⸚ ⇨ strych, poddasze
umso mehr ⇨ tym bardziej
erwecken ⇨ rozbudzić
der Inhaber, - ⇨ właściciel
bitten (bat, gebeten) ⇨ prosić
erzählen ⇨ opowiadać
kaum ⇨ prawie nie
weg/werfen (warf weg, weggeworfen) ⇨ wyrzucać
stapeln ⇨ gromadzić, składować
nach oben ⇨ na górę
trauen ⇨ ufać
der Schreibtisch, -e ⇨ biurko
entdecken ⇨ odkryć
bestimmt ⇨ z pewnością
ungefähr ⇨ mniej więcej
der Wahnsinn ⇨ szaleństwo
der Fund, -e ⇨ znalezisko
vorgespielt ⇨ udawany
die Gleichgültigkeit ⇨ obojętność
handeln ⇨ tu: targować się
das Tischchen, - ⇨ stolik
das Werkzeug, -e ⇨ narzędzia
nutzen ⇨ służyć do czegoś, używać
eigentlich ⇨ właściwie
gebrauchen ⇨ używać
gerade ⇨ właśnie
recht gut ⇨ całkiem dobrze
halten (hielt, gehalten) ⇨ trzymać, sądzić
Was halten Sie davon? ⇨ Co pan o tym sądzi?

vor/schlagen (schlug vor, vorgeschlagen) ⇨ proponować
gleichzeitig ⇨ jednocześnie
überlegen ⇨ rozmyślać
fieberhaft ⇨ gorączkowo
sicher ⇨ pewnie
sogar ⇨ nawet
sowieso ⇨ tak czy inaczej, i tak
tragen (trug, getragen) ⇨ nosić
stellen ⇨ postawić
das Schreibtischbein, -e ⇨ noga stołu
nicht mehr ⇨ już nie
sich aus/ruhen ⇨ odpoczywać
gerade ⇨ właśnie
mit/kommen (kam mit, mitgekommen s.) ⇨ iść z kimś
sich setzen ⇨ siadać
erwachsen ⇨ dorosły
auf Fränkisch ⇨ po frankońsku, gwarą frankońską
der Hof, ⸚e ⇨ podwórko
fegen ⇨ zamiatać
schaffen ⇨ dać radę coś zrobić, osiągnąć
befehlen (befahl, befohlen) ⇨ (roz)kazać
ab/sägen ⇨ odpiłować
die Tischplatte, -n ⇨ blat stołu
hinein/stecken ⇨ wetknąć do środka
Er antwortete nichts. ⇨ Nic nie odpowiedział.
weg/fahren (fuhr weg, weggefahren s.) ⇨ odjechać
wortlos ⇨ bez słowa
der Wald, ⸚er ⇨ las
an/halten (hielt an, angehalten) ⇨ zatrzymać się
sicherlich ⇨ z pewnością
das schlechteste Geschäft ⇨ najgorszy interes

40 Der Antiquar

I. Hören Sie sich bitte die Geschichte ein- oder zweimal an und entscheiden Sie, ob die folgenden Sätze richtig oder falsch sind.

		R	F
1.	Herr Klausmann wohnt in München.		
2.	Herr Klausmann verkauft alte Bücher.		
3.	Alte Möbel werden häufig auf den Dachböden aufbewahrt.		
4.	Herr Klausmann hat in Untersiemau nichts Interessantes gefunden.		
5.	Der Bauer wollte Herrn Klausmann einen alten Tisch billig verkaufen.		
6.	Der Schreibtisch war sehr alt und wertvoll.		
7.	Man könnte den Schreibtisch für 300 Euro verkaufen.		
8.	Herr Klausmann erzählte dem Bauern nicht die Wahrheit.		
9.	Der Sohn des Bauern hat die Tischbeine abgesägt.		
10.	Am Ende war der Tisch doch wertlos.		

II. Hören Sie sich die Geschichte noch einmal an und antworten Sie anschließend auf die folgenden Fragen.

Schlüsselwörter:
- der Bauernhof – gospodarstwo rolne
- der Dachboden – strych
- absägen – odpiłować
- wegwerfen – wyrzucać

1. Was macht Herr Klausmann beruflich?
2. Wozu ist Herr Klausmann nach Untersiemau gefahren?
3. Was hat er auf dem Dachboden eines Bauernhofs in Untersiemau entdeckt?
4. Warum war Herr Klausmann so begeistert?

Der Antiquar

5. Wo könnte er den Schreibtisch gut „gebrauchen"?
6. Warum war der Bauer mit 30 Euro für den Tisch einverstanden?
7. Welches Problem gab es beim Verladen des Tisches?
8. Welche Lösung für das Problem hat der Bauer gefunden?
9. Was hat Herr Klausmann mit dem Schreibtisch gemacht?
10. Was dachte er zum Schluss über das Geschäft?

III. Hören Sie die Geschichte ein weiteres Mal, wobei Sie bitte die Aufnahme nach jedem Satz anhalten und den Satz nachsprechen. Versuchen Sie auch die Aussprache und die Betonung richtig nachzumachen.

IV. Ergänzen Sie (zuerst selbstständig) die folgenden Sätze. Falls das zu schwierig ist, suchen Sie die passenden Satzteile dafür unten aus.

1. Der Antiquar Herr Klausmann sprudelt ....
2. Die beiden gingen nach oben und Herr Klausmann ....
3. Er hat einen wunderschönen ....
4. Ich gebe Ihnen dafür 30 Euro, ...
5. Nehmen Sie ihn mit, ...
6. Die Schreibtischbeine waren zu lang, sie ....
7. Kommen Sie mit, wir ....
8. Er dachte, das war sicherlich ....

a) Schreibtisch entdeckt.
b) wir brauchen ihn sowieso nicht.
c) vor Energie.
d) haben nicht mehr ins Auto gepasst.
e) setzen uns kurz ins Wohnzimmer.
f) das schlechteste Geschäft seines Lebens.
g) was halten Sie davon?
h) konnte seinen Augen kaum trauen.

| 1 | 2 | 3 | 4 | 5 | 6 | 7 | 8 |

Hören – Verstehen – Sprechen

V. Ergänzen Sie den Komparativ (*stopień wyższy*) und den Superlativ (*stopień najwyższy*) wie im Beispiel.

- klein – kleiner – am kleinsten
- *groß – größer – am größten*

1. interessant – ....
2. alt – ....
3. arm – ....
4. reich – ....
5. teuer – ....
6. viel – ....
7. schön – ....
8. gut – ....
9. lang – ....
10. kurz – ....
11. schnell – ....
12. schlecht – ....

VI. Ergänzen Sie die fehlenden Formen in der Tabelle.

Infinitiv	3. Person Präsens	3. Person Präteritum	3. Person Perfekt
mitnehmen	*er nimmt mit*	*er nahm mit*	*er hat mitgenommen*
1. absägen			
2. wegwerfen			
3. vorschlagen			
4. sich ausruhen			
5. mitkommen			
6. hinausgehen			
7. hineinstecken			

Infinitiv	3. Person Präsens	3. Person Präteritum	3. Person Perfekt
8. wegfahren			
9. anhalten			

VII. Übersetzen Sie ins Deutsche.

1. Pan Klausmann tryska energią.
2. Tym razem pojechał do Frankonii, do Untersiemau.
3. Obaj poszli na górę i pan Klausmann nie mógł uwierzyć własnym oczom.
4. Odkrył przepiękne biurko, które z pewnością miało około 300 lat.
5. Ten stolik mógłbym może wykorzystać na narzędzia w swoim garażu.
6. Mogę dać panu za to 30 euro, co pan na to?
7. Niech pan go weźmie, my go i tak nie potrzebujemy.
8. Po kawie wyszli znowu na zewnątrz.
9. Jednak daliśmy radę, niech pan spojrzy!
10. To nie był z pewnością najlepszy interes jego życia.

VIII. Erzählen Sie die Geschichte nach.

IX. Versetzen Sie sich in die Rolle von Herrn Klausmann, der seiner Frau von dem „Geschäft seines Lebens" erzählt.

Lösungsschlüssel

1 Nicht viel verloren

I. 1R 2R 3F 4F 5F 6R 7R 8R

IV. 1h 2g 3e 4a 5f 6b 7c 8d

V. stur – eckig – weich – flüssig – stark – lecker

VI. der Kranke, ein Kranker, die Kranken, Kranke; der Erwachsene, ein Erwachsener, die Erwachsenen, Erwachsene; der Behinderte, ein Behinderter, die Behinderten, Behinderte; der Arbeitslose, ein Arbeitsloser, die Arbeitslosen, Arbeitslose; der Deutsche, ein Deutscher, die Deutschen, Deutsche

VII. 1. Franz Gruber ist ein netter älterer Herr. **2.** Er hat früher bei einer Bank gearbeitet. **3.** Ein Arzt hat ihm geraten, regelmäßig Sport zu treiben. **4.** Herr Gruber geht jeden Tag spazieren. **5.** In der Nähe seines Hauses gibt es einen Zeitungskiosk. **6.** An einem Abend hat Herr Gruber seine Geldbörse vergessen. **7.** Er konnte die Zeitung nicht bezahlen. **8.** Die Verkäuferin war sehr nett und wollte, dass er am nächsten Tag bezahlt.

2 Ein Berliner in Wien

I. 1F 2R 3F 4R 5R 6R 7R

IV. 1e 2h 3a 4g 5b 6c 7d 8f

V. 1. bedeutend, bedeutet **2.** vergleichend, verglichen **3.** liebend, geliebt **4.** antwortend, geantwortet **5.** lobend, gelobt **6.** erzählend, erzählt **7.** fahrend, gefahren **8.** fragend, gefragt **9.** stehend, gestanden

VI. Ein Berliner, Herr Bauer, **besuchte** eines Tages im Jahr 1960 die schöne Stadt Wien. Er war beruflich oft im Ausland unterwegs und **verglich** immer alles mit seiner geliebten Heimatstadt. Auch in Wien war es nicht anders. Herr Bauer **nahm** eine Droschke und **fuhr** durch die Stadt, um sie sich **anzusehen**. Hier und da **stellte** er an den Kutscher eine Frage, was das für Bauten sind und wie lange man sie **gebaut** hatte usw. Der Kutscher antwortete ihm, aber er ärgerte sich über seinen Gast, der keine der Wiener Sehenswürdigkeiten lobte. Im Gegenteil, Herr Bauer **fand** alles zu klein, zu unbedeutend. Als der Kutscher ihm **erzählte**, dass das Opernhaus fünf Jahre lang **gebaut** wurde, sagte der Berliner: „In Berlin hätte man an so einem Häuschen nicht länger als ein paar Wochen **gebaut**! Außerdem habt ihr hier solche altmodischen Straßenbahnen, bei uns **fuhren** solche schon vor einem halben Jahrhundert. In Berlin **gibt** es eine moderne S-Bahn."

Lösungsschlüssel

VII. 1. Ein Berliner, Herr Bauer, besuchte einmal die Hauptstadt Österreichs. **2.** Er verglich oft andere Städte mit Berlin. **3.** Er nahm eine Droschke, um die Wiener Sehenswürdigkeiten zu besichtigen. **4.** Er stellte dem Kutscher viele Fragen. **5.** Der Kutscher ärgerte sich über seinen Gast, weil ihm nichts gefiel. **6.** Was ist denn das für eine Kapelle? **7.** Als ich vor zwei Stunden hier vorbeifuhr, war sie noch nicht da.

3 Moderne Malerei

I. 1R **2**F **3**F **4**R **5**R **6**F

IV. Maler, ihnen, vor, darstellen, Besucher, aussah, Titel, Wiese, Kühe

V. 1d **2**b **3**e **4**a **5**c

VI. 1. In einer Ausstellung moderner Maler war auch ein alter Mann. **2.** Er konnte nicht verstehen, was ein großes Bild darstellen sollte. **3.** Deshalb fragte er einen anderen Mann, der wie ein Künstler aussah. **4.** Das sieht man am Titel. **5.** Warum sollen die Kühe auf der Wiese bleiben/sein, wenn es kein Gras mehr gibt?

4 Die Fehler

I. 1F **2**R **3**R **4**F **5**R

IV. 1c **2**d **3**e **4**a **5**b

V. 1. zu, zu **2.** von **3.** an **4.** an, auf **5.** Nach, zum **6.** unter **7.** an

VI. 1. kommen **2.** sein **3.** annehmen **4.** vergehen **5.** sehen **6.** folgen **7.** dauern **8.** denken **9.** verlieren **10.** können

VII. 1. Max Liebermann war ein bekannter Berliner Maler. **2.** Ein Chirurg wollte ein Porträt von sich haben. **3.** Der Maler machte sich sofort an die Arbeit. **4.** Jede Sitzung dauerte mindestens zwei Stunden. **5.** Der Chirurg dachte an seine Patienten, die auf ihn warteten. **6.** Eines Tages verlor der Chirurg die Geduld und fragte den Maler, wann das Porträt fertig ist (sein würde). **7.** Im Gegensatz zu den Fehlern der Chirurgen sieht man die Fehler der Maler viele Jahre.

5 Der Schriftkenner

I. 1F **2**F **3**F **4**R **5**F **6**R **7**F

IV. 1. die Zukunft **2.** der Junge **3.** zuerst **4.** faul **5.** frech **6.** der Erfolg

V. 1. berühmte, eines Menschen **2.** zeigte, schlechter **3.** zwölf Jahren **4.** Ihnen **5.** dieses Kindes **6.** Kann **7.** geschrieben, war

VI. 1. Kannst du den Charakter eines Menschen aus seiner Schrift lesen? **2.** Ich bin stolz auf meinen Bruder. **3.** Kann ich Ihnen eine kurze Frage stellen? **4.** Sind Sie die Mutter dieses Jungen? **5.** Können wir offen über dieses Kind sprechen? **6.** Er wird keinen Erfolg im Leben haben. **7.** Diesen Brief haben Sie mir geschrieben, als Sie 12 Jahre alt waren.

6 Die clevere Anzeige

I. 1R 2F 3R 4R 5R 6F 7F 8F

IV. 1e 2i 3a 4b 5h 6c 7d 8g 9f

V. 1. Sein erstes Buch ist im Jahr 1897 erschienen. **2.** Das Buch hat sich schlecht verkauft. **3.** Der Verlag hat nichts getan, um den Absatz zu erhöhen. **4.** Maugham hat eine kreative Idee gehabt. **5.** Er hat selbst für sein Buch werben wollen. **6.** Er hat eine Anzeige in der Zeitung veröffentlicht. **7.** Das ist eine gute Idee gewesen. **8.** Bis zu seinem Lebensende hat er als Schriftsteller gearbeitet. **9.** Die meisten seiner Bücher sind verfilmt worden.

VI. Positive Charaktereigenschaften: bescheiden, empfindsam, gerecht, kommunikativ, kultiviert, kreativ, liebevoll, mutig, nett, sportlich, verträglich

Negative Charaktereigenschaften: aggressiv, arrogant, bösartig, egozentrisch, fanatisch, faul, frech, gierig, rücksichtslos, streitsüchtig, stur

VII. 1. William Somerset Maugham schrieb über 30 Bücher. **2.** Sein zweites Buch verkaufte sich gut. **3.** Der Verlag tat viel, um den Absatz zu erhöhen. **4.** Er wollte nicht selbst für sein Buch werben. **5.** Er veröffentlichte eine kleine Anzeige in der Zeitung. **6.** Sie gleicht meiner Schwester. **7.** Der Erfolg war so groß, dass Maugham später nur als Schriftsteller arbeitete.

7 Das geheimnisvolle Ding

I. 1R 2F 3F 4R 5R 6R 7R 8F

IV. 1e 2g 3a 4b 5c 6h 7f 8d

V. 1. Sie würde gern in Paris studieren. **2.** Ihr würdet gern eine E-Mail schreiben, nicht wahr? **3.** Wenn du hier wärst, könntest du mir helfen. **4.** Wir würden bestimmt etwas finden. **5.** Das würde morgen in der Zeitung erscheinen. **6.** Sie würden den Garten bestimmt umgraben. **7.** Ich würde morgen gern eine E-Mail von Ihnen erhalten.

VI. 1. könnte **2.** konnte **3.** könntest **4.** konnten **5.** könntest **6.** Könntet **7.** könnten **8.** konnte **9.** konnte **10.** könnten

VII. 1. Herr Ali wohnt seit über 30 Jahren in den USA. **2.** Er würde gerne in seinem Garten Tomaten pflanzen, aber er ist zu schwach. **3.** Herr Ali schreibt eine E-Mail an seinen Sohn, der in Frankreich lebt. **4.** Ich bin traurig, weil ich in meinem Garten keine Tomaten pflanzen kann. **5.** Lieber Vater, bitte grabe auf keinen Fall im Garten. **6.** Ich bin mir sicher, dass dein Garten jetzt umgegraben ist. **7.** Das ist alles, was ich für dich aus der Entfernung tun konnte.

8 Es geschah um Mitternacht

I. 1F 2R 3F 4R 5F 6R 7F 8R

IV. 1d 2f 3a 4e 5c 6g 7b

V. 1. ging/kam **2.** klingelte **3.** Können, ist **4.** lag **5.** wärmte **6.** lag, sah **7.** untersuchte, fand **8.** holen **9.** legte, sah, bezahlen

VI. Waagerecht: 1. Doktor **2.** traurig **3.** Wald **4.** Schnee **5.** bitterkalt **6.** Hände **7.** verlieren **8.** leiden **9.** Arbeitszeit

Senkrecht: **10.** Krankheit

VII. 1. Kurz vor Mitternacht kam ein Bauer in ein kleines Städtchen. **2.** Er wollte einen Arzt holen, weil seine Frau krank war. **3.** Das Haus des Bauern lag an einem großen Wald. **4.** Die Frau des Bauern lag im Bett, aber sie sah nicht schwer krank aus. **5.** Der Arzt untersuchte sie gründlich, aber er fand keine schwere Krankheit. **6.** Warum haben Sie mich nachts bei einem solchen Wetter aus dem Bett geholt? **7.** Ich wollte nicht, dass Sie am Tag Ihre Arbeitszeit verlieren.

9 Eine Kontrolle im Lokal

I. 1F 2R 3F 4R 5F 6F 7R

IV. 1d 2b 3e 4a 5c

V. 1. kalte, schlechter **2.** den Gästen, freien **3.** den Wünschen **4.** ihnen **5.** höflichere, ältere **6.** des Lokals **7.** gewusst, junge **8.** den Leiter, Herren, reserviert

VI. Waagerecht: trinken, Speise, Bedienung, Kellner, Kaffee, schmecken, Chef, Tischdecke

Senkrecht: höflich, Besteck, Tisch, servieren, Leiter

VII. 1. Zeig(e) mir, was du kannst! **2.** Ich habe gehört, dass in diesem Lokal die Bedienung unhöflich ist. **3.** Stimmt es, dass in diesem Restaurant kalte Speisen serviert werden? **4.** Wir haben beschlossen, dieses Lokal zu kontrollieren. **5.** Das Mittagessen und der Kaffee haben ausgezeichnet geschmeckt. **6.** Das Besteck war sauber und die Tischdecke schneeweiß. **7.** Ich habe noch nie eine höflichere Bedienung gesehen. **8.** Hat der Leiter des Lokals nicht gewusst, dass zwei Journalisten hierher zum Mittagessen kommen? **9.** Ich habe den Leiter des Lokals angerufen und für zwei Journalisten von der Zeitungsredaktion einen Tisch bestellt.

10 Schubert und das Notenpapier

I. 1F 2F 3R 4F 5F 6R 7F 8F

IV. 1e 2g 3d 4a 5b 6f 7c

V. 1. der Komponist **2.** der Eintritt **3.** der Einfall **4.** die Fantasie **5.** der Maler **6.** das Geschenk **7.** die Sorge **8.** die Zeichnung

VI. Waagerecht: 1. verkaufen **2.** Lied **3.** Notenpapier **4.** Eintrittskarte **5.** Notenlinien **6.** Sorgen

Senkrecht: **7.** Klavier

VII. 1. Schubert war ein großer österreichischer Komponist. **2.** Er hat unter anderem über 600 Lieder komponiert, trotzdem war er sein ganzes Leben lang arm. **3.** Um die Eintrittskarte für die Oper „Fidelio" von Beethoven zu bezahlen, musste er Bücher verkaufen. **4.** Schubert komponierte sehr schnell, deshalb ging ihm auch das Notenpapier schnell aus (zu Ende). **5.** Schubert war glücklich über das Geschenk, das er eines Tages von seinem Freund bekam. **6.** Ich halte dieses Bild für das wertvollste.

11 Anwesend – abwesend

I. 1F 2F 3F 4R 5R 6R 7F 8R 9R 10R

IV. 1f 2c 3e 4a 5g 6b 7h 8d

V. 1. Das ist mein Lieblingswein. **2.** Das ist mein Lieblingskuchen. **3.** Das ist mein Lieblingssessel **4.** Das ist mein Lieblingskugelschreiber. **5.** Das ist meine Lieblingsstadt. **6.** Das ist meine Lieblingsjahreszeit. **7.** Das ist meine Lieblingsarbeit. **8.** Das ist meine Lieblingslehrerin. **9.** Das ist mein Lieblingsessen. **10.** Das ist mein Lieblingsauto. **11.** Das ist mein Lieblingswort. **12.** Das ist mein Lieblingsbuch. **13.** Das sind meine Lieblingssocken. **14.** Das sind meine Lieblingsschuhe. **15.** Das sind meine Lieblingsfreunde. **16.** Das sind meine Lieblingsgäste.

VI. 1. Besonderes **2.** Besuch **3.** Tag, Schüler **4.** Vertretung **5.** Praktikum **6.** Anwesenheitsliste **7.** Abwesenheit **8.** Gleiche **9.** Telefonnummer, Familie **10.** Hause, Lieblingscomputerspiel

VII. 1. Der kleine Benjamin wollte schon als kleines Kind etwas Besonderes sein. **2.** Benjamin hörte zu und auf einmal hörte er ein Wort, das er nicht verstand. **3.** Onkel, was heißt „abwesend"? **4.** Das bedeutet, wenn du zum Beispiel in der Schule bist und nicht schwänzt. **5.** Benjamin merkte sich diese Erklärung. **6.** Die Schüler hatten eine Vertretung. **7.** Die Studentin las die Anwesenheitsliste vor. **8.** Die ganze Woche wiederholte sich genau das Gleiche. **9.** Der Vater kam später nach Hause. **10.** Er verbot seinem Sohn, sein Lieblingscomputerspiel zu spielen. **11.** Die Situation klärte sich erst am nächsten Tag.

12 Der Verbrecher

I. 1F **2**F **3**R **4**F **5**R **6**R **7**R

IV. 1. Im D-Zug nach Mannheim werden die Fahrkarten kontrolliert. **2.** Der Mann wird verhaftet und abgeführt. **3.** Sie haben behauptet, mehr als zwanzigmal ohne Fahrkarte nach Mannheim gefahren zu sein?

V. 1c **2**d **3**a **4**b

VI. 1. Bitte suchen Sie Ihre Fahrkarte in allen Taschen. **2.** Die Fahrkarten werden vom Schaffner kontrolliert. **3.** Der Fahrgast, der gesagt hatte, dass er über zwanzigmal ohne Fahrkarte nach Mannheim fuhr/gefahren sei, wurde verhaftet. **4.** Sie behaupten weiterhin, dass Sie so oft ohne Fahrkarte gefahren sind? /..., so oft ohne Fahrkarte gefahren zu sein? **5.** Ich habe nicht gewusst, dass dies eine strafbare Handlung ist. **6.** Der Richter wird Ihnen alles erklären. **7.** Ist es überhaupt möglich ohne Fahrkarte zu fahren?

13 Mitgeholfen

I. 1R **2**F **3**R **4**F **5**F **6**R **7**R

IV. 1e **2**d **3**b **4**f **5**a **6**c

V. 1. bemühte sich **2.** jemandem einen Gefallen getan zu haben **3.** erhielt, Mitteilung, gestohlen worden war **4.** ging ein Licht auf **5.** Der, Vorfall belustigte

VI. 1. bemühte sich **2.** befahl, hinaufzusteigen **3.** geschah, heruntergeholt **4.** getan zu haben **5.** gestohlen worden **6.** gehalten, mitgestohlen

VII. 1. Der Handwerker versuchte, auf einer Leiter an die Wanduhr zu gelangen. **2.** Die Leiter rutschte auf dem glatten Boden hin und her. **3.** Der König befahl „dem Uhrmacher", die Uhr von der Wand herunterzuholen. **4.** Der unbekannte Mann nahm die Uhr unter den Arm und entfernte sich. **5.** Friedrich der Große freute sich, dass er jemandem einen Gefallen tun konnte. **6.** Es hat sich erwiesen, dass der König einem Dieb die Leiter gehalten hatte. **7.** Dieser Vorfall belustigte den König so sehr, dass er den Dieb laufen ließ, weil er selbst die Uhr mitgestohlen hatte.

14 Das Oktoberfest

I. 1R 2F 3R 4F 5F 6F 7R 8F

IV. 1b 2f 3h 4a 5c 6d 7g 8e

V. 1. auf der Theresienwiese stattfinden **2.** einen Platz außerhalb der Stadt aussuchen **3.** ein Pferderennen veranstalten **4.** zu Ehren der Braut einen Namen bekommen **5.** auf September verlegen **6.** Bierzelte aufbauen **7.** Bier und Brezeln bestellen **8.** Münchner Traditionsbier verkaufen **9.** ein Dirndl oder eine Lederhose tragen **10.** die Schleife auf der rechten Seite binden

VI. 1. Die Hochzeit von Prinz Ludwig und Prinzessin Therese wird gefeiert. **2.** Ein Pferderennen wird organisiert. **3.** Das Oktoberfest wird auch „die Wiesn" genannt. **4.** Dort wird kühles Bier getrunken. **5.** Brathähnchen und Brezeln werden dort gegessen. **6.** Gegrillter Fisch wird dort auch verkauft. **7.** Traditionelle Kleider werden dort oft getragen. **8.** Die Schleife wird links oder rechts gebunden.

VII. 1. Das Oktoberfest ist das größte Volksfest in Deutschland. **2.** Dieses Fest wird auch „die Wiesn" genannt. **3.** Im Oktober 1810 heiratete Prinz Ludwig Prinzessin Therese. **4.** Seit 1810 wurde das Oktoberfest immer größer und länger. **5.** Entgegen den Erwartungen findet das Oktoberfest nicht nur im Oktober statt. **6.** In den Bierzelten kann man Bier, Brezeln und gebratene Hähnchen bestellen. **7.** Dort kann man nur Münchner Traditionsbier kaufen. **8.** Viele Besucher tragen traditionelle Kleider.

15 Pedro als Weihnachtsgeschenk

I. 1F 2R 3F 4R 5R 6F 7F

IV. 1e 2c 3d 4a 5b

V. 1. großen, Frankfurter **2.** kleine, seltene **3.** großen, zahlreichen **4.** vielen, junger, Besonderes **5.** exotischen **6.** jungen, exotisches **7.** junge, ältere **8.** exotischen, seltene, klassische, bekannten **9.** Richtige, große, Exotisches

VI. 1. In diesem Geschäft herrscht immer Hochbetrieb. **2.** Ein junger Mann sah sich im Geschäft um und schüttelte immer wieder den Kopf. **3.** Der Preis spielt keine Rolle, weil sich meine Tante alles leisten kann. **4.** Es ist schwer, etwas zu finden, was ihr Freude macht. **5.** Ihre Tante wird von dem Geschenk bestimmt begeistert sein. **6.** Der Kunde hat sich schnell zum

Kauf dieses exotischen Vogels entschlossen. **7.** Kurz nach Weihnachten rief der Neffe seine Tante an und fragte sie, ob er mit diesem Geschenk ihren Geschmack getroffen hat/habe.

16 Das Wiener Neujahrskonzert

I. 1F 2F 3F 4R 5R 6R 7F

IV. 1c 2g 3a 4b 5h 6f 7e 8d

V. 1. Das Konzert wird in über 90 Ländern übertragen. **2.** Jedes Konzert wird von mehr als 50 Millionen Zuschauern angesehen. **3.** Der Konzertsaal wird mit vielen Blumen dekoriert. **4.** Das Konzert wird den Werken der Strauss-Dynastie gewidmet. **5.** Der berühmte Walzer „An der schönen blauen Donau" wird immer gespielt. **6.** Es wird bei dem Marsch geklatscht. **7.** Die Aufnahmen der Konzerte werden verkauft. **8.** Die Eintrittskarten werden verlost.

VI. Das berühmte Neujahrskonzert findet seit 1939 jedes Jahr in Wien statt. Das Konzert der Wiener Philharmoniker wird seit 1959 nicht nur im Radio, sondern auch in über 90 Ländern im **Fernsehen** übertragen. Dadurch sehen sich jährlich mehr als 50 Millionen **Zuschauer** das Konzert an.

Das **Programm** des Konzerts folgt einem ganz bestimmten **Ritual**. Nach den beiden **Hauptteilen** folgen drei **Zugaben**. Die zweite Zugabe ist immer der **Walzer** „An der schönen blauen Donau" von Johann Strauss (Sohn). Die abschließende dritte Zugabe ist traditionell der „Radetzky-Marsch" von Johann Strauss (Vater). Bei diesem **Marsch** klatscht das **Publikum** im Takt. Die **Aufnahmen** der Konzerte sind immer auf **Platz** Eins der österreichischen Album-Charts zu finden.

Eine **Eintrittskarte** für das Neujahrskonzert kostet zwischen 35 und 1.090 Euro. Da es immer sehr schwierig war, Eintrittskarten für dieses Konzert zu bekommen, werden sie über die Webseite der Wiener Philharmoniker verlost. Die **Verlosung** findet bereits im Februar für das darauffolgende Konzert statt. Die einzige **Möglichkeit**, eine Karte zu kaufen, ist die **Teilnahme** an der offiziellen Verlosung.

VII. 1. Dieses berühmte Konzert findet immer am 1. Januar in Wien statt. **2.** Das Konzert wird in viele Länder übertragen. **3.** Das Konzert der Wiener Philharmoniker ist das bekannteste Neujahrskonzert der Welt. **4.** Der Konzertsaal wird aus diesem Anlass mit vielen Blumen dekoriert. **5.** Die zweite Zugabe ist immer der berühmteste Walzer von Johann Strauss Sohn. **6.** Die Eintrittskarten für das Neujahrskonzert sind sehr teuer. **7.** Um die Möglichkeit zu haben, eine Eintrittskarte zu kaufen, muss man an einer Verlosung teilnehmen.

17 Die Reklame

I. 1R 2F 3R 4F 5R

IV. 1e 2f 3c 4d 5b 6a

V. 1. gekauft (zu kaufen) **2.** dritten, zu kaufen **3.** vielen Regalen **4.** blieb **5.** dem Geldstück, schaute **6.** lag, dem Boden **7.** Schritte, das Geldstück **8.** gewachsen **9.** Darf, Ihnen, neuen **10.** drei Tuben

VI. 1. Heute Nachmittag muss ich Einkäufe im Kaufhaus machen. **2.** Unter den vielen Kunden befand sich auch ein junger Mann, der sich schwarze Schuhe kaufen wollte. **3.** Plötzlich bemerkte ich einen Mann, der auch auf das Zwei-Euro-Stück schaute. **4.** Er stellte seinen Fuß auf das Geldstück. **5.** Ich bückte mich und wollte das Geldstück aufheben, aber es ging nicht. **6.** Darf ich Ihnen unseren neuen Klebstoff anbieten? **7.** Was soll ich mit drei Tuben Klebstoff machen?

18 Technik

I. 1R 2F 3F 4R 5R/F 6R 7F

IV. 1d 2f 3g 4a 5e 6c 7b

V. 1. namens Bitterfeld **2.** seine beiden Söhne studieren lassen **3.** freute sich über die Einladung **4.** der Eisenbahn **5.** waren alle Vorbereitungen getroffen, gekauft **6.** machte ... viel Spaß **7.** setzt sich in Bewegung **8.** nimmt Platz **9.** klappt **10.** schlägt ... zusammen

VI. 1. Geschäft, geworden **2.** Sohn, heiraten **3.** Hochzeit **4.** Einladung, Antwort/Zusage **5.** gegeben **6.** Vorbereitungen, gepackt, Fahrkarte **7.** Spaß **8.** Schaffner **9.** Reisenden/Fahrgast, Gespräch **10.** nach, Abteil

VII. 1. Ein Kaufmann namens Bitterfeld ist schnell reich geworden. **2.** Ich möchte dich zu meiner Hochzeit einladen. **3.** Er hat sich über die Einladung sehr gefreut. **4.** In seiner Jugend hat es noch keine Eisenbahn gegeben. **5.** Er brauchte nicht mit dem Zug zu fahren. **6.** Schnell wurden alle Vorbereitungen getroffen. **7.** Das Zugfahren macht mir viel Spaß. **8.** Der Kaufmann war sehr zufrieden, weil alles gut klappte. (..., weil alles nach Plan verlief.)

19 Mercedes – woher der Name?

I. 1R 2F 3R 4F 5F 6F 7R 8R

IV. 1g 2h 3a 4b 5c 6d 7e 8f

V. 1. Italien gilt als ein angenehmes Urlaubsziel. **2.** Mercedes gilt als eine gute Automarke. **3.** Rosen gelten als schöne Blumen. **4.** Caracas gilt als eine gefährliche Stadt. **5.** Die Antilope gilt als ein schnelles Tier. **6.** Die Schweiz gilt als ein reiches Land. **7.** Cola gilt als ein ungesundes Getränk. **8.** Chinesisch gilt als eine schwere Sprache. **9.** Bienen gelten als fleißige Tiere. **10.** Ein Porsche gilt als ein teures Auto.

VI.

1. Emil Jellinek wird geboren. (1853)

2. Mercédès Jellinek wird geboren. (1889)

3. Die DMG produziert den Mercedes 35 PS. (1900)

4. Emil Jellinek gewinnt viele Autorennen als „Monsieur Mercedes". (1901)

5. Paul Meyan verkündet: „Wir sind in die Ära Mercedes eingetreten." (1901)

6. Die DMG lässt den Markennamen Mercedes patentieren. (1902)

7. Emil Jellinek darf sich Jellinek-Mercedes nennen. (1903)

8. Emil Jellinek stirbt. (1918)

9. Mercédès Jellinek stirbt. (1929)

VII. 1. Die technische Perfektion von Mercedes ist einzigartig. **2.** Woher kommt der bekannte Markenname Mercedes? **3.** Emil Jellinek war von Autos und Autorennen begeistert. **4.** Mercédès Jellinek wuchs in Nizza/Frankreich auf. **5.** Emil Jellinek nutzte den Vornamen seiner Lieblingstochter als sein eigenes Pseudonym bei Autorennen. **6.** Paul Meyan sagte 1901: „Wir sind in die Ära Mercedes eigetreten."

20 Mitten in der Nacht

I. 1F 2R 3R 4F 5F 6R 7R 8R

IV. 1f 2d 3a 4e 5c 6b

V. 1. seinem letzten **2.** vierte **3.** Patienten **4.** ganzen, seine **5.** Ihren, Patienten, Herrn, den **6.** gründlichen, Herrn, Ihre, Ihre nächsten Verwandten, dieser **7.** beiden, Schwestern **8.** Patienten, ernstem, einzige, jeden

VI. 1. Als das Telefon klingelte, lag ich schon im Bett. **2.** Der Patient bat den Arzt, gleich zu ihm zu kommen. **3.** Er kann nicht schlafen, weil er immer wieder an seine Krankheit denkt. **4.** Nach einer genauen Untersuchung sagte der Arzt zu dem Patienten: „Lassen Sie sofort Ihre Kinder und Ihre nächsten Verwandten hierher kommen!" **5.** Der Patient fragte den Arzt, ob es mit ihm schon so schlimm sei und ob es keine Hilfe mehr gebe. **6.** Der Arzt wollte nicht die einzige Person sein, die ohne jeden Grund mitten in der Nacht geholt wurde.

21 Wunderpille Aspirin

I. 1R 2F 3F 4F 5F 6R 7F 8F

IV. 1c 2a 3h 4b 5g 6e 7f 8i 9d

V. 1. der Krebs **2.** die Salbe **3.** das Schmerzgebäck **4.** die Haarschmerzen **5.** der Tierarzt

VI. Aspirin **gilt** heutzutage als das erfolgreichste **Medikament** der Welt. Fünf Milliarden Tabletten produziert **jährlich** die Firma Bayer für den internationalen **Markt.** Rund 40 Millionen Packungen Aspirin werden jedes Jahr in Deutschland **verkauft**, mit steigender Tendenz.

Wie kein **anderes** Produkt hat Aspirin den Firmennamen Bayer rund um den Globus bekannt **gemacht.** Diese „Wunderpille" des 20. Jahrhunderts wird vor allem gegen **Fieber**, rheumatische Beschwerden und allerlei **Schmerzen** verwendet. Sie hilft auch als **Vorbeugungsmittel** gegen Herzinfarkt und **Schlaganfall**.

Schon in der Antike war das **natürliche** Heilmittel **bekannt**: Aus Weidenrinde wurde ein **Saft** gewonnen und **gegen** Schmerzen und Fieber genutzt.

VII. 1. Aspirin gilt als eines der bekanntesten Medikamente der Welt. **2.** Diese „Wunderpille" wird vor allem gegen Schmerzen verwendet. **3.** Dr. Felix Hoffmann suchte ein Schmerzmittel für seinen Vater. **4.** Der französische Chemiker Gerhardt erfand die Acetylsalicylsäure. **5.** Gerhardt machte leider keine weiteren Versuche. **6.** Der Pharmakonzern Bayer ließ Aspirin 1899 patentieren. **7.** Dr. Felix Hoffmann starb 1946 im Alter von 78 Jahren in der Schweiz.

22 Der gefürchtete Professor

I. 1F 2R 3R 4F 5F

IV. 1d 2c 3b 4a

V. 1. der bei seinen Studenten sehr gefürchtet war **2.** stets, Aufregung **3.** zu hören wünschte **4.** eine Prüfung, brauchte er sich … keine Sorgen zu machen **5.** schaute … den Professor an **6.** öffnete, mich geirrt **7.** ist schon gestorben

VI. 1e 2d 3f 4a 5c 6b

VII. 1. Wer wird der Vorsitzende der nächsten Prüfungskommission sein? **2.** Der Professor war dafür bekannt, dass er die schwierigsten Fragen stellte und oft Studenten durchfallen ließ. **3.** Sie brauchen sich um Ihre Zukunft keine Sorgen zu machen. **4.** Während der Prüfung ließ der Professor den Studenten alle Symptome einer Krankheit nennen. **5.** Dann fragte der Professor nach dem Heilmittel für diese Krankheit. **6.** Während der Student vor dem Prüfungszimmer wartete, fiel ihm ein, dass er sich geirrt hatte. **7.** Es tut mir leid, aber der Patient lebt nicht mehr.

23 Der Physiotherapeut

I. 1R 2F 3R 4F 5F 6R 7F

IV. 1b 2f 3a 4h 5c 6d 7g 8e

V. 1. Lobe immer den Patienten! Lobt immer den Patienten! Loben Sie immer den Patienten! **2.** Mach dir keine Sorgen! Macht euch keine Sorgen! Machen Sie sich keine Sorgen! **3.** Vermeide heute jegliche Kritik! Vermeidet heute jegliche Kritik! Vermeiden Sie heute jegliche Kritik! **4.** Gebrauche viele schwirige Wörter! Gebraucht viele schwierige Wörter! Gebrauchen Sie viele schwierige Wörter! **5.** Bring ihm oft etwas bei! Bringt ihm oft etwas bei! Bringen Sie ihm oft etwas bei! **6.** Glaub immer deinem Physiotherapeuten! Glaubt immer euren Physiotherapeuten! Glauben Sie immer Ihrem Physiotherapeuten! **7.** Spiel mir jetzt eine Aufnahme vor! Spielt mir jetzt eine Aufnahme vor! Spielen Sie mir jetzt eine Aufnahme vor! **8.** Heb den rechten Arm! Hebt den rechten Arm! Heben Sie den rechten Arm! **9.** Atme langsam ein! Atmet langsam ein! Atmen Sie langsam ein! **10.** Atme dann schnell aus! Atmet dann schell aus! Atmen Sie dann schnell aus! **11.** Wiederhole es am besten dreimal! Wiederholt es am besten dreimal! Wiederholen Sie es am besten dreimal!

VI. 1. ein Patient **2.** des Journalisten **3.** dem Jungen **4.** den Polizisten **5.** der Tourist **6.** eines Soldaten **7.** des Studenten **8.** keinen Polen

VII. 1. Ich mache mir Sorgen, dass ich nicht so gut in meinem Beruf sein werde. **2.** Ich bin mir nicht sicher, ob du es schaffst. **3.** Es gibt einige wichtige Regeln. **4.** Ich brauche es nicht auswendig zu lernen. **5.** Das klingt zu einfach, um wahr zu sein. **6.** Ich habe den Patienten auf dem Smartphone aufgenommen. **7.** Ich sehe, seit unserem letzten Treffen haben Sie ein bisschen geübt. **8.** Sie haben leider nur kleine Fortschritte gemacht. **9.** Die Zeiten ändern sich, nicht wahr?

24 Die Pille

I. 1F 2F 3F 4F 5R 6R 7R 8R

IV. 1. hielt, stieg ein **2.** stand ... auf, fragte **3.** setzte sich **4.** wurde, ging **5.** konnte, befanden **6.** war, schliefen ein **7.** saß **8.** erblickte **9.** konnte, stattfand **10.** vergingen, fuhr **11.** nahm **12.** hatte ... vor

V. Waagerecht: 1. Fahrer **2.** Schaffner **3.** halten **4.** einsteigen **5.** Wetter **6.** aussteigen **7.** setzen **8.** weiterfahren **9.** Platz **10.** einschlafen **11.** Fenster

Senkrecht: **12.** Haltestelle

VI. 1. Als **2.** Als, wenn **3.** Als **4.** Als **5.** Als **6.** Wenn

VII. 1. Als der Autobus/Bus an einer Haltestelle hielt, stieg eine ältere Dame mit ein paar Paketen ein. **2.** An der nächsten Haltestelle trat diese Dame zum Schaffner und fragte ihn, ob es Anden ist. **3.** Seien Sie ganz ruhig! Ich werde es Ihnen sagen, wenn wir in Anden sind. **4.** Als ich aufwachte, bemerkte ich, dass wir an Anden schon vorbeigefahren waren. **5.** Ich war erstaunt, dass diese Frau immer noch auf ihrem Platz saß. **6.** Während des Aufenthalts ging ich nach draußen, um eine Zigarette zu rauchen. **7.** Zwischen dem Schaffner und dem Fahrer fand ein lebhaftes Gespräch statt. **8.** Als wir zum zweiten Mal in Anden waren, kam der Schaffner zu der alten Frau und sagte: „Wir sind in Anden, Sie müssen aussteigen!" **9.** Wenn wir in Anden sind, dann muss ich meine erste Pille nehmen, hat mein Arzt gesagt.

25 Auch Ärzte haben Sinn für Humor

I. 1F 2F 3F 4R 5F 6R 7R

IV. 1c 2f 3h 4a 5g 6b 7d 8j 9e 10i

V. 1. zu arbeiten **2.** arbeiten **3.** zu widmen **4.** widmen **5.** zu holen **6.** holen **7.** umzuziehen **8.** umzuziehen **9.** zu kündigen **10.** kündigen

VI. hervorragender, Krankenhaus, Blutkrankheiten, rettet, Leben, abends, Wochenende, Pflanzen, Stadtrand, großen, nie, widmet

VII. 1. Wir arbeiten in einem kleinen Klinikum in Frankfurt am Main. **2.** Dieser Arzt beschäftigt sich mit Herzkrankheiten. **3.** An den Arbeitstagen arbeitet er von früh bis abends. **4.** Sie haben ein Haus am Stadtrand. **5.** Leider habe ich keine Zeit, im Garten zu arbeiten. **6.** An den Wochenenden widme ich mich meinem Hobby. **7.** Herr Fischer wollte am Freitag Blumenerde kaufen. **8.** Entschuldigung, wo finde ich Blumenkästen? **9.** Wir gehen gleich zu Ihrem Chef und beschweren uns über Sie. **10.** Ich wollte hier sowieso morgen kündigen.

26 Der Lottoschein

I. 1F 2F 3R 4R 5F 6R 7F 8F

IV. 1e 2a 3b 4i 5d 6h 7g 8f 9c

V. 1. befreundet **2.** ungefähr **3.** gegenseitig **4.** einverstanden **5.** Gleiche **6.** enttäuscht **7.** ungerecht **8.** halbieren, Hälfte **9.** einig **10.** endgültig

VI. 1. einverstanden sein **2.** sich einig werden **3.** zu Ende sein **4.** befreundet sein **5.** das Gleiche tun **6.** einen Vorschlag haben **7.** sechs Zahlen ankreuzen **8.** die Summe halbieren **9.** sich gegenseitig etwas schenken

VII. 1. Frau Weber und Frau Krause arbeiten seit sieben Jahren im selben Büro. **2.** Frau Weber ist 46 Jahre alt und Frau Krause ist ein paar Jahre jünger. **3.** Beide Frauen haben im März Geburtstag. **4.** Frau Krause war sofort einverstanden. **5.** Frau Weber tat das Gleiche für Frau Krause. **6.** Frau Krause war ein bisschen enttäuscht. **7.** Ist es gerecht, dass du jetzt das ganze Geld bekommst? **8.** Meine Tochter heiratet und ich will ihr eine Wohnung kaufen. **9.** Wir sollten das Geld halbieren. **10.** Es tut mir leid, aber das war mein Lottoschein.

27 Ist Hering kein Fisch?

I. 1R 2R 3F 4F 5F 6R 7R 8R

IV. 1h 2e 3a 4g 5b 6f 7d 8c

V. 1. Heute werde ich einen Fisch bestellen. **2.** Er wird das Missverständnis gleich klären. **3.** Morgen wird sie früher zur Arbeit gehen. **4.** Ich werde den Koch später fragen. **5.** Gern werden wir ein Steak essen. **6.** Der Koch wird den Hering schnell zubereiten. **7.** Ich werde dem Gast sofort das Hauptgericht bringen. **8.** In diesem Restaurant wird Herr Fisch nie wieder etwas bestellen.

VI. 1. gibt **2.** besteht, vorbestellen **3.** empfahl, ging **4.** kam, bekam **5.** werde, antwortete, ging **6.** brachte, entschuldigte **7.** aß

VII. 1. In diesem Bezirk in Frankfurt am Main befindet sich ein außergewöhnliches Restaurant. **2.** Das Konzept besteht darin, dass man das Essen vorbestellen kann. **3.** Die Gäste brauchen auf das Essen nicht zu warten. **4.** Ein Arbeitskollege empfahl Herrn Fisch dieses Restaurant. **5.** Ich möchte einen Fisch mit Beilagen bestellen. **6.** Aus Versehen notierte der Praktikant den Nachnamen falsch. **7.** Das ist doch kein Steak und ich habe ein Steak bestellt! **8.** Ich werde es gleich klären. **9.** Der Kellner entschuldigte sich bei ihm für das kleine Missverständnis. **10.** Ist ein Hering kein Fisch?

28 Der Katastrophentag

I. 1F 2R 3R 4F 5R 6F 7R 8R

IV. 1e 2d 3g 4b 5a 6f 7c

V. 1. vor **2.** auf **3.** vor **4.** nach **5.** in **6.** am, mit **7.** vom **8.** vor **9.** Im, an, auf **10.** Aus, auf

VI. 1. unwichtig **2.** privat **3.** entspannt **4.** sorglos **5.** wach **6.** voll **7.** früh **8.** sanft/mild **9.** langsam **10.** unpünktlich

VII. 1. Max Bergmann war zwei Wochen in Großbritannien. **2.** Am dritten Tag der Konferenz sollte Max eine Präsentation über seine Firma zeigen. **3.** Er war nie schüchtern. **4.** Er übte seine Präsentation fünfmal vor dem Spiegel. **5.** Max war sehr erschöpft, aber er konnte trotzdem nicht einschlafen. **6.** Leider hat sein Wecker nicht geklingelt. **7.** Warum muss so etwas immer ausgerechnet mir passieren? **8.** Es regnet in Strömen, wir müssen einen Regenschirm mitnehmen. **9.** Aus organisatorischen Gründen wurde die Konferenz abgesagt.

29 Die kluge Frau Zauberstein

I. 1F 2F 3F 4R 5F 6R

IV. 1. bunten, gekleideter **2.** weiß, Ihnen **3.** junger, trat **4.** begann, zu lesen **5.** diesem Jahr, großen **6.** französischen, reiches, gutem **7.** junge, unterbrach, zu hören **8.** teures, altes, große, gewonnen

V. 1. kommen/stehen **2.** bunt **3.** die Zukunft **4.** alles **5.** beginnen/anfangen **6.** hübsch **7.** reich **8.** teuer **9.** verheiratet **10.** gewinnen **11.** arbeitslos **12.** jung/neu

VI. 1. Ich möchte meine Zukunft kennen lernen. **2.** Sie kann Ihnen sagen, worauf/womit Sie in der nächsten Zukunft rechnen können. **3.** Sie bekommen noch in diesem Jahr eine große Gehaltserhöhung. **4.** Ich möchte in diesem Jahr meinen Urlaub an der französischen Riviera verbringen. **5.** Als Arbeitsloser habe ich jeden Tag Urlaub. **6.** Sie bekommen Ihre zehn Mark, sobald ich das große Los in der Lotterie gewonnen habe.

30 Eine Bäuerin vor Gericht

I. 1F 2F 3R 4R 5R 6F 7F

IV. 1. der Betrug **2.** die Anklage **3.** die Schrift **4.** der Bäcker **5.** die Lüge **6.** die Verlegenheit **7.** die Waage **8.** der Stolz **9.** der Vorsitzende **10.** der Beweis

V. 1. faltig **2.** täglich **3.** natürlich **4.** ungeduldig **5.** vorschriftsmäßig **6.** sorgfältig

VI. 1d 2c 3b 4a

VII. 1. gegen, wegen, vor **2.** an **3.** seit, statt **4.** bei, über, über **5.** aus **6.** bei, von **7.** in **8.** Mit, aus

VIII. Waagerecht: **1.** Gericht **2.** Beweise **3.** Anklageschrift **4.** behauptet **5.** ·Betrugs **6.** Angeklagte **7.** freisprechen

Senkrecht: **8.** Richter

IX. 1. Die Bäuerin, die wegen Betrugs angeklagt war, machte einen guten Eindruck. **2.** Haben Sie dem Bäcker täglich ein Kilo (zwei Pfund) Butter geliefert? **3.** Ich habe die Butter immer sehr genau abgewogen. **4.** Mein jüngster Enkel hat die Gewichte verloren. **5.** Die alte Frau ließ sich nicht aus der Ruhe bringen. **6.** Zum/Als Beweis zog die Angeklagte ein Brot aus der Handtasche (hervor) und legte es in die Waagschale. **7.** Der Bäcker hat sich selbst betrogen, und die Bäuerin wurde freigesprochen.

31 Die Sparbüchse

I. 1R **2**F **3**F **4**F **5**R **6**R **7**F **8**R

IV. 1c **2**a **3**h **4**b **5**g **6**f **7**d **8**e

V. 1. Oskar hat sich verrechnet. **2.** Julia hat die Suppe versalzen. **3.** Lena hat sich verfahren. **4.** Felix hat Spanisch verlernt. **5.** Anna hat den Bus verpasst. **6.** Emma hat verschlafen. **7.** Laura hat sich verhört. **8.** Paul hat den Regenschirm vergessen. **9.** Kati hat eine Münze verschluckt. **10.** Ich habe versagt. **11.** Der Pianist hat sich verspielt. **12.** Julian hat sich versprochen.

VI. bei der Oma – in die Schule – auf dem Fußboden – mit dem Geldstück – aus Versehen – zum Arzt – ins Krankenhaus – in der Zeit – nach Hause – vor der Operation – auf die Toilette – auf den Operationstisch

VII. 1. Die siebenjährige Klara war bei ihren Großeltern zu Besuch. **2.** Am Nachmittag sollte die ganze Familie ins Kino gehen. **3.** Oh mein Gott! Wir müssen sofort zum Arzt (fahren). **4.** Ich gebe Ihnen eine Überweisung ins Krankenhaus. **5.** Im Krankenhaus wurde eine Röntgenuntersuchung gemacht. **6.** Ich muss auf die Toilette. **7.** Seit diesem Vorfall sind schon zwölf Jahre vergangen. **8.** Kati wird manchmal scherzhaft „Sparbüchse" genannt.

32 Mut muss man haben!

I. 1R **2**F **3**F **4**R **5**F **6**R

IV. 1. größte **2.** Höflinge, großer **3.** Tages, berühmten **4.** großen, vielen **5.** berühmten, reine **6.** Jahren **7.** längere **8.** stehenden Soldaten

V. 1. an **2.** in, an **3.** von **4.** zum **5.** ins **6.** Nach **7.** zu **8.** in, mit **9.** an, ins

VI. 1e **2**d **3**f **4**c **5**b **6**g **7**a

VII. 1. Das Malen war die größte Freude des Königs. **2.** Der König glaubte, ein großer Künstler zu sein. **3.** Seine Bilder hingen an den Wänden in einem großen Saal. **4.** Was halten Sie von meinen Bildern? **5.** Bitte sagen Sie mir aufrichtig die ganze Wahrheit. **6.** Es tut mir leid, aber ich kann Ihre Bilder nicht loben. **7.** Der König ließ den Maler ins Gefängnis werfen. **8.** Sie sind wieder ein freier Mensch und können tun, was Sie wollen. **9.** Der König aß mit dem Künstler zu Mittag. **10.** Führen Sie mich wieder ins Gefängnis zurück.

33 Der Ghostwriter

I. 1F 2R 3R 4F 5R 6R 7F 8R

IV. 1f 2e 3a 4h 5b 6d 7c 8g

V. zuverlässig – gewissenhaft, abwechselnd – wechselweise, zeitlich – momentan, zerstritten – verkracht, verliebt – verknallt, leidenschaftlich – begeistert, verpassen – versäumen, auferstehen – aufleben

VI. 1. Das Problem besteht darin. **2.** Es geht darum. **3.** Ich freue mich darauf. **4.** Ich denke daran. **5.** Ich schreibe ein Drehbuch dafür. **6.** Der Ghostwriter fängt damit an. **7.** Die Zuschauer beschweren sich darüber. **8.** Wir ziehen daraus Konsequenzen. **9.** Ich entschuldige mich dafür. **10.** Eine Fernsehzeitung schrieb darüber. **11.** Der Ghostwriter verdiente dafür gutes Geld. **12.** Wie kam es dazu?

VII. 1. Sie wurden mir als ein zuverlässiger Schriftsteller empfohlen. **2.** Ich bin einer der Autoren, weil wir das Buch zu zweit schreiben. **3.** Ich bin gerade dabei, das dritte Kapitel zu schreiben. **4.** Das Problem besteht darin, dass ich jetzt keine Zeit habe. **5.** Die Hauptperson in diesen zwei Folgen ist Felix. **6.** Felix ist in Klara verliebt, aber Klaras Mutter kann ihn nicht leiden. **7.** Klaras Verlobter studiert Germanistik im dritten Jahr. **8.** Die größte Überraschung war Klaras Großvater.

34 Der Unfall

I. 1F 2F 3R 4R 5R 6R 7F 8R 9F 10R

IV. 1g 2e 3a 4b 5h 6f 7c 8d

V. 1. ein neues Auto, einen schönen schwarzen BMW **2.** einen Fuchs, ein anderes wildes Tier **3.** eine gute Versicherung, für das neue Auto **4.** ein langes Formular **5.** ins Labor, welches Tier den Unfall

VI. Geräusch, Stoßstange, Wagen, Schleudern, Stoßstange, Blut, Fuchs, Tier, Blech, Auto, Schaden

VII. 1. Familie Lehmann fuhr nach Hause zurück. **2.** Herr Lehmann hatte ein altes Auto. **3.** Sein Auto geriet ins Schleudern. **4.** Leider hat er ein Tier überfahren. **5.** Frau Lehmann ärgerte sich über den Autoschaden. **6.** Am nächsten Tag fuhr Herr Lehmann in eine Autowerkstatt. **7.** In Ordnung, ich werde das der Versicherung ausrichten. **8.** Herr Lehmann füllte ein langes Formular aus. **9.** Mein Auto ist gegen alle Schäden versichert. **10.** Man sollte Versicherungsunterlagen genau durchlesen.

35 Der zerstreute Professor

I. 1R 2F 3F 4F 5R 6F 7R 8R 9R

IV. 1. entschließen, zu trauen **2.** stehen **3.** wegzugehen **4.** mitzunehmen, zu machen **5.** einkaufen, mitzunehmen **6.** mitzunehmen

V. 1. strahlenden **2.** zerstreuter **3.** alten, besondere **4.** gute **5.** schönen, nette **6.** kleinen, neuer, dunklen **7.** schönen

VI. Waagerecht: weggehen, sich entschliessen, mitnehmen, ändern, gewöhnen, grüßen, mitbringen, passieren, strahlen, merken

Senkrecht: trauen, sich wundern, halten, erinnern, enttäuschen, wissen, lassen, vergessen

VII. 1. Ich kann mich nicht entschließen, ob ich einen Schirm mitnehmen soll oder nicht. **2.** Professor Weiskopf wusste, dass er zerstreut war, aber er konnte es nicht ändern. **3.** Ich habe keine Ahnung, wo ich den Schirm gelassen habe. **4.** Die Haushälterin bat den Professor, seinen Schirm nicht mitzunehmen, wenn das Wetter schön ist. **5.** Der Professor ging in die Universität und hielt dort seine Vorlesung. **6.** Er erinnerte sich, dass in der Apotheke ein Schirm in der Ecke stand. **7.** Schauen Sie, was ich Ihnen mitgebracht habe! **8.** Diesmal wollte ich Sie nicht enttäuschen und habe nicht vergessen, meinen Schirm mitzubringen.

36 Glück im Unglück

I. 1R 2F 3R 4F 5F 6R 7F 8R

IV. 1h 2b 3e 4a 5c 6g 7d 8f

V. 1. flog **2.** las **3.** vergoss **4.** trafen **5.** überraschte **6.** erwiderte **7.** verbrachten **8.** kippte um

VI. 1. auf **2.** von **3.** vom **4.** in **5.** auf **6.** mit **7.** zu **8.** bei **9.** aus

VII. 1. Ilona liest keinen spannenden Krimi. **2.** Peter und Ilona sitzen nicht nebeneinander im Flugzeug. **3.** Ilona hat für ihren ersten Abend in Amsterdam nicht viele Pläne. / Ilona hat für ihren ersten Abend in Amsterdam keine Pläne. **4.** Peter trinkt nicht gerne Tomatensaft. **5.** Peter ist sein Missgeschick nicht sehr peinlich. **6.** Peter mag italienische Restaurants nicht. / Peter mag keine italienischen Restaurants. **7.** Peter geht nicht gerne italienisch essen. **8.** Ilona und Peter verbringen keinen schönen Abend. **9.** Ilona kippt ihr Weinglas nicht um.

VIII. 1. Klara und Thomas saßen nebeneinander im Zug. **2.** Thomas las während der Fahrt ein Buch. **3.** Möchten Sie etwas essen? **4.** Das war mir schrecklich peinlich. **5.** Nach der Zugreise trennten sich ihre Wege.

6. Klara konnte ihre Überraschung nicht verbergen. **7.** Darf ich Sie zum Essen einladen?

37 Das Erbe

I. **1**F **2**F **3**F **4**R **5**R **6**R **7**R **8**F

IV. **1**e **2**c **3**h **4**a **5**f **6**g **7**b **8**d

V. **1**c **2**f **3**a **4**e **5**b **6**d

VI. 1. der, einen, beim, zur **2.** langjähriger, Herrn **3.** herzliches, Ihren **4.** einer, seinen, das **5.** eine, des, zweite, einem, einer besonderen **6.** dem, letzten, dem zweiten **7.** seinem habgierigen

VII. 1. Herr Schmitz ist vor einer Woche gestorben. **2.** Der Notar war ein guter Bekannter von Herrn Schmitz. **3.** Hat unser Großvater viel vererbt? **4.** Wir möchten das gerecht aufteilen. **5.** Nach ein paar Tagen präsentierte Markus seinen Vorschlag. **6.** Der erste Teil bestand nur aus einem Schachbrett mit Schachfiguren. **7.** Das Schachbrett mit dem Geld sollte dem zweiten Erben übergeben werden. **8.** Ich freue mich, dass mein Bruder so klug ist. **9.** Markus bekam nur das Schachbrett und die Schachfiguren. **10.** Sebastian hat sich zu früh über den Vorschlag seines Bruders gefreut. **11.** Markus schenkte seinem habgierigen Bruder fünftausend Euro.

38 Die kluge Sekretärin

I. **1**F **2**R **3**F **4**F **5**R **6**F

IV. 1. guter **2.** erste, trat ein **3.** Sie **4.** zweite, litt **5.** dritte, versteht **6.** des Meeres, steilen Uferwänden **7.** hereinzukommen **8.** verschlug, sah aus **9.** dachte, dummen, eingestellt **10.** ist ... entfallen

V. 1. klug **2.** hübsch **3.** schlank **4.** steil **5.** schriftlich **6.** lustig **7.** heiß **8.** aufgeregt **9.** suchen/verlieren **10.** hereinkommen **11.** einstellen **12.** aufstehen/sich erheben **13.** das Pech **14.** die Insel

VI. 1. Allgemeinbildung **2** Bewerberinnen **3.** litt **4.** unter **5.** wenn **6.** Witwe **7.** sah aus **8.** Pech **9.** richte **10.** entfallen **11.** Insel **12.** entscheiden, hören

VII. 1. Ich suche eine Sekretärin mit guter Allgemeinbildung. **2.** Ich möchte Ihnen drei Fragen stellen. **3.** Ich habe mich geirrt. **4.** Ich bat die dritte Bewerberin hereinzukommen. **5.** Mein letzter Chef hat mir nicht gefallen, weil er dumm war. Deshalb möchte ich diesmal einen intelligenten Chef haben. **6.** Im Moment kann ich mich noch nicht entscheiden, welche Bewerberin ich einstellen werde.

39 Der Wetterprophet

I. 1F 2R 3F 4F 5R 6F 7R

IV. 1. den Film, gemacht worden **2.** zu machen, den Schauspielern, kleines, einsames, lag **3.** eines Filmes, beendet werden **4.** schönem **5.** den Alten **6.** des alten Bauern **7.** sitzen, rauchen **8.** sitzen, rauchte

V. drehen, machen, Ankunft, teuer, beendet, abhängig, Wettervorhersagen, lebte, bekannt, besuchen, Wetter, zufrieden, waren, Wolken, Regisseur, ging, Alten/Bauern, wollte, Haus, Pfeife, helfen, weil

VI. 1. Ein Regisseur wollte einen Film hoch in den Bergen drehen. **2.** Gleich nach der Ankunft begann man die Außenaufnahmen zu machen. **3.** Die Arbeit musste schnell beendet werden, weil die Produktion eines Filmes sehr teuer ist. **4.** Leider ist man bei Außenaufnahmen sehr vom Wetter abhängig. **5.** Ich habe kein Vetrauen zu den Wettervorhersagen im Radio. **6.** Der Regisseur fragte den/einen alten Bauern täglich nach dem Wetter für den nächsten Tag. **7.** Der Alte schaute nie nach den Wolken. **8.** Wissen Sie denn nicht, dass Ihre Wettervoraussagen sehr wichtig für mich sind?

40 Der Antiquar

I. 1R 2F 3R 4F 5R 6R 7F 8R 9R 10R

IV. 1c 2h 3a 4g 5b 6d 7e 8f

V. 1. interessanter – am interessantesten **2.** älter – am ältesten **3.** ärmer – am ärmsten **4.** reicher – am reichsten **5.** teurer – am teuersten **6.** mehr – am meisten **7.** schöner – am schönsten **8.** besser – am besten **9.** länger – am längsten **10.** kürzer – am kürzesten **11.** schneller – am schnellsten **12.** schlechter – am schlechtesten

VI. 1. er sägt ab, er sägte ab, er hat abgesägt **2.** er wirft weg, er warf weg, er hat weggeworfen **3.** er schlägt vor, er schlug vor, er hat vorgeschlagen **4.** er ruht sich aus, er ruhte sich aus, er hat sich ausgeruht **5.** er kommt mit, er kam mit, er ist mitgekommen **6.** er geht hinaus, er ging hinaus, er ist hinausgegangen **7.** er steckt hinein, er steckte hinein, er hat hineingesteckt **8.** er fährt weg, er fuhr weg, er ist weggefahren **9.** er hält an, er hielt an, er hat angehalten

VII. 1. Herr Klausmann sprudelt vor Energie. **2.** Diesmal fuhr er nach Franken, nach Untersiemau. **3.** Die beiden gingen nach oben und Herr Klausmann konnte seinen Augen nicht trauen. **4.** Er hat einen wunderschönen Schreibtisch entdeckt, der bestimmt rund 300 Jahre alt war. **5.** Dieses Tischchen könnte ich vielleicht fürs Werkzeug in meiner Garage nutzen. **6.** Ich kann Ihnen dafür 30 Euro geben, was halten Sie davon? **7.** Nehmen Sie ihn mit, wir brauchen ihn sowieso nicht. **8.** Nach dem Kaffee gingen sie wieder hinaus. **9.** Wir haben es doch geschafft, sehen Sie! **10.** Das war sicherlich nicht das beste Geschäft seines Lebens.